Umgang mit Kollegen

| don't panic! |

Thomas Wieke

Umgang mit Kollegen

Wie Sie die Strukturen im Team
durchschauen und positiv nutzen

EICHBORN.

Der Autor
Thomas Wieke, geboren 1956, arbeitet als freier Autor und
Redakteur für Verlage und Rundfunkanstalten. Er lebt in Wiesbaden.

In der Reihe »don't panic« erschienen bisher:
- *Probezeit,*
- *Der erste Führungsjob,*
- *Den Chef im Griff,*
- *Clever verhandeln,*
- *Meetings.*

2 3 4   02 01

© Eichborn AG, Frankfurt am Main, Oktober 2000
Umschlaggestaltung: Claudia Leffringhausen
Redaktion: Nele Dinslage
Innenlayout/Satz: Oliver Schmitt, Mainz
Druck und Bindung: Fuldaer Verlagsagentur, Fulda
ISBN 3-8218-1653-8

Verlagsverzeichnis schickt gern:
Eichborn Verlag, Kaiserstraße 66, D-60329 Frankfurt / Main
www.eichborn.de

Inhalt

Einleitung ... 8
- Welche Kollegen verdienen Sie? ... 8
- Kommunikation und Transaktion ... 10
- Die Spiele der Kollegen ... 16

Wer sind Sie? ... 18
- Der Neue?: Selbstbild und Fremdbild ... 18
- Ein starker Typ?: Wo steht das Klavier? ... 22
- Eine graue Maus?: Mit Speck zu fangen ... 25
- Der Hilfsbereite?: Nicht Nein sagen können ... 27
- Der Harmonie Suchende?: Ja sagen wollen ... 29
- Der Lethargische?: Ja, aber 31
- Der Ängstliche?: Nur nicht anecken ... 33
- Der Übereifrige?: Als Erster kommen und als Letzter gehen ... 34
- Das Sonntagskind?: Bevorzugt und befördert ... 36
- Der Unbeherrschte?: Nerven zeigen unter Stress ... 38
- Die Betriebsnudel?: Witzig bis zum Abwinken ... 40

Wer sind die anderen? ... 43
- Der Tyrann: Herrscher, von Launen beherrscht ... 43
- Der Schnorrer?: Von Alleskleber bis Zigarette ... 45
- Der Überarbeitete?: Immer im Stress ... 47
- Der Workaholic?: Beschleunigte Wahrnehmung ... 49
- Die Nervensäge?: Immer im falschen Moment ... 51
- Die Klette?: Unerwünschte Anhänglichkeit ... 52
- Der Angepasste?: Diplomatie nach allen Seiten ... 53

Der Platzhirsch?: Wo die Grenzen sind	54
Der Besserwisser?: Was immer Sie sagen …	56
Die Petze?: Chef hört mit	57

Einer für alle, alle für einen … 59

»Kannst du, äh, könnten Sie bitte …«: Intimität und Distanz	59
Das Weiße im Auge des Kollegen: Verletzte Intimzone	61
»Erzählen Sie doch mal!«: Provozierte Gesprächigkeit	63
»Können Sie das denn?«: Kompetenzgerangel	64
»Tür zu!«: Verfehlter Arbeitsstil	65
Ein Küsschen in Ehren: Liebe im Büro	67
Das eine Glas …: Alkohol am Arbeitsplatz	69
Vor der Nase weggeschnappt: Konkurrenten um die Stelle	71

Typen und ihre Spiele im Alltag … 73

»Wo steht denn eigentlich …?«: Der Desorientierte	73
»Das muss ich schnell noch erzählen!«: Der Schwatzhafte	75
Kopieren will gelernt sein: Der Rücksichtslose	76
»Wessen Auto ist das?«: Der Ahnungslose	78
»Bin ich zu laut?«: Der Empfindungslose	80
»Muss ich mir das bieten lassen?«: Die Mimose	81
»Was mir wieder passiert ist!«: Die Heulsuse	82
»Ich hör dir zu!«: Der Ignorant	84
Einfach immer schlecht drauf: Der Nörgler	85

Fettnäpfchen-Guide … 87

»Guten Tag kaputt?«: Grußlos	87
»Wie war der Urlaub?«: Endlos	89
»Erst mal eine rauchen«: Gedankenlos	90
»Welch ein bezaubernder Knutschfleck!«: Taktlos	91

»Wollen Sie etwa so ...?«: Kulturlos	92
»Welcher Idiot hat das verbockt?«: Ahnungslos	93
»Da hat doch der Chef ...«: Geschmacklos	94
Aus sicherer Quelle: Haltlos	94
Schon immer gewusst: Sinnlos	95
»Was ist daran so komisch?«: Humorlos	96
»Haben Sie mir denn nicht zugehört?«: Verständnislos	97
»Warum sagen Sie denn nichts?«: Sprachlos	98
»Und wo ist das Problem?«: Arglos	101
»Lassen Sie das!«: Gedankenlos	102

Mobbing? Nadelstiche und Keulenhiebe 103

»Schon ausgeschlafen?«: Kleine Bosheiten erhalten die Feindschaft	103
Hinter vorgehaltener Hand: Üble Nachrede	105
»Der hat Aids!«: Verleumdungen	107
»Was'n Fahrgestell!«: Pozwicker und Busengrapscher	108
Ein paar Ohrfeigen: Gewalt und Bedrohung	110

Schluss 113

Führen, ohne Chef zu sein	113
Wie fühlen Sie sich?	115

Literaturverzeichnis	117
Register	118

Einleitung

Die meisten haben genau die Kollegen, die sie verdienen. Das haben Sie bestimmt auch schon mal gedacht, wenn Ihnen eine Bekannte ihr Leid klagte über das ach so schlechte Betriebsklima, über die Intrigen der Kollegen im Besonderen und über die Ellenbogengesellschaft im Allgemeinen. Und dabei waren Sie überzeugt, dass diese karrieregeile Zimtzicke genau das einstecken muss, was sie wahrscheinlich selbst austeilt.

Welche Kollegen verdienen Sie?

Glauben Sie, dass Ihre Kollegen Sie überhaupt verdient haben? Wie kommt es, dass wir von dem einen Kollegen sagen, dass wir hervorragend mit ihm auskommen, während uns ein anderer nicht geheuer ist und wir um einen dritten lieber einen großen Bogen machen würden, wenn der Büroflur nur breit genug wäre, um dieses Manöver zu gestatten? Friedemann Schulz von Thun hat das Dilemma »unter Kollegen« so beschrieben: »Einerseits unterliegen sie dem offiziellen Appell zur Zusammenarbeit (und müssen daher aufnahmefreudig sein für alles, was die Kooperation fördert – z. B. Fehler zugeben, keine Energieverschwendung zur Wahrung des Gesichtes); andererseits unterliegen sie dem inoffiziellen Appell ›Gegeneinander-Arbeit‹: Wem es gelingt, sich selbst herauszustellen und womöglich den anderen schlecht aussehen zu lassen, erhöht seine Chance auf eine Karriereprämie.« (Schulz von Thun 1981, S. 124 f.)

Unser berufliches Zusammenleben mit unseren Kollegen beruht auf Bündeln von Vereinbarungen. Ein Teil davon ist schriftlich formuliert, nennt sich – auf verschiedenen Ebenen – *Leitbild* oder *Manteltarifvertrag, Betriebsverfassungsgesetz, Betriebsvereinbarung* oder *Stellenbeschreibung, Tätigkeitsmerkmale* oder *Dienstanweisung*. Alle diese gedruckten Vereinbarungen sind sicher wichtig. Und in Krisensituationen können sie auch einmal mehr wert sein als das Papier, auf dem sie gedruckt sind.

Für den Alltag in Unternehmen und Behörden wichtiger als die schriftlich fixierten sind die nur mündlich besprochenen, durch Handlungen geschlossenen und durch alltägliche Gewohnheit bestätigten Vereinbarungen. Während man das Gedruckte vom Personalbüro und vom Vorgesetzten bekommt, wird einem das Ungedruckte meist von den Kollegen eingeschenkt. Manchmal mit kräftigem Schwall auf einmal, manchmal tröpfchenweise nach und nach. Das erste Alarmsignal, dass im Verhältnis zu den Kollegen etwas nicht stimmt, sollte schon aufleuchten, wenn Sie keiner über die ungeschriebenen Gesetze im Team und im Unternehmen aufklärt.

Grundsätzlich kann man sagen: Ein Mitarbeiter, der sich korrekt an die geschriebenen und gesprochenen ebenso wie an die ungeschriebenen und unausgesprochenen Vereinbarungen hält, wird als zuverlässiger Kollege gelten. Wer solche Vereinbarungen, sei es aus Unkenntnis, Nachlässigkeit oder Böswilligkeit, ständig verletzt, wird als unzuverlässig verrufen und bei seinen Kollegen wahrscheinlich nicht sehr beliebt sein.

Die meisten Probleme in der Arbeitswelt, ähnlich wie in familiären Beziehungen, entstehen aus gebrochenen, falsch verstandenen oder unklar getroffenen und daher von vornherein missverständlichen Vereinbarungen. Und sei es nur die Vereinbarung, wie erwachsene Menschen miteinander umzugehen – und nicht wie bockige kleine Kinder.

Kommunikation und Transaktion

Klassischer Dialog zwischen zwei Kollegen. Fragt Joachim: »Wissen Sie, wo mein Lineal hingekommen ist?« Antwortet Markus: »Dort, wo Sie es gestern Abend hingepfeffert haben.« Was ist das? Eine Kommunikationsstörung, das ist klar. Ebenso klar dürfte sein, dass Joachim sein Lineal künftig ohne Markus' Mithilfe suchen wird.

Kommunikationsstörungen dieser Art sind wir im Berufsalltag ständig ausgesetzt. Meistens stehen wir ihnen hilflos gegenüber, wir verstehen nicht, was vorgeht. Warum kanzelt mich der andere ab, wenn ich ihm eine höfliche Frage stelle? Warum behandelt er mich wie ein kleines Kind? Oder anders herum: Warum reagiert jemand mit kindischem Trotz auf einen ganz vernünftigen Vorschlag? Und schließlich: Warum passiert es mir selbst, dass ich die Geduld verliere und ausraste? Hinterher ist mir das peinlich, aber ich weiß nicht, wie ich das wieder gerade biegen soll.

Der Umgang mit den Kollegen findet in einer Reihe von kommunikativen Akten statt. Zur Beschreibung solcher Kommunikationsakte haben die amerikanischen Psychologen Eric

Berne und Thomas A. Harris die *Transaktionsanalyse* entwickelt. Sie hat in den vergangenen Jahrzehnten die Praxen der Psychotherapeuten verlassen und erfreut sich bei Personal- und Unternehmensberatern ebenso wie bei Motivationstrainern und Management-Coaches zunehmender Beliebtheit. Die Gründe für den Erfolg leuchten schnell ein, denn

→ erstens kann man damit komplizierte Sachverhalte auf wenige elementare Verhaltensmuster zurückführen,
→ zweitens werden diese Verhaltensmuster auch mit handlichen, dem Alltag entlehnten Begriffen beschrieben.

Die Transaktionsanalyse fußt auf Erkenntnissen über die Funktionsweise des Gehirns. Es hat sich herausgestellt, dass unser Gehirn wie eine Überwachungskamera lebenslang Daten sammelt, verarbeitet und speichert. Und das von der Geburt an. Die ersten großen Datenmengen werden im so genannten *Eltern-Ich* gesammelt: »Das Eltern-Ich ist eine ungeheure Sammlung von Aufzeichnungen im Gehirn über ungeprüft hingenommene und aufgezwungene äußere Ereignisse, die ein Mensch in seiner frühen Kindheit wahrgenommen hat. Diese Periode umfasst ungefähr die ersten fünf bis sechs Lebensjahre.« (Harris 1975, S. 33) Parallel dazu werden Daten, welche die inneren Zustände des Kindes während dieser Jahre betreffen, in einem anderen Gedächtnissegment gespeichert. Sie konstituieren das *Kindheits-Ich*. »Da der kleine Mensch während seiner folgenreichsten Früherlebnisse noch über keinerlei sprachliche Mittel verfügt, bestehen die meisten seiner Reaktionen aus *Gefühlen*.« (Harris 1975, S. 40 f.) Ungefähr mit Eintritt in das Schulalter werden die Ordner *Eltern-Ich* und *Kindheits-Ich* geschlossen; sie stehen zwar weiter zur Verfügung, aber es werden keine neuen Aufzeichnungen mehr in dem bisherigen Umfang vorgenommen. Stattdessen beginnt ein Kind (und das bereits vom 10. Lebensmonat an), Herrschaft über sich selbst und über seine Reaktionen zu gewinnen: Es richtet sich auf, es zeigt seinen Willen, es nimmt nicht mehr nur hin, sondern untersucht und wählt aus, akzeptiert und verwirft. Von diesem Moment an baut es ein eigenes Persönlichkeitsfeld auf: das *Erwachsenen-Ich.* »Das Erwachsenen-Ich ist ein Datenverarbeitungssystem, das Entscheidungen ausspuckt, nachdem es Informationen aus drei Speichern durchgerechnet hat: aus dem Eltern-Ich, aus dem Kindheits-Ich und aus den Informationen, die das Erwachsenen-Ich gesammelt hat und noch sammelt.« (Harris 1975, S. 46) Das zeitgemäße Modewort wäre, um in der Computermetapher zu bleiben: Echtzeit. D. h. die »Bearbeitungsfälle« werden nicht gesammelt und gestapelt, um sie später – vom Stapel – zu bearbeiten, sondern alle Informationen werden zeitgleich mit ihrem Eingang sofort verarbeitet.

Nach der Auffassung der Transaktionsanalytiker können wir vier verschiedene Lebensanschauungen haben. Die erste, die der neugeborene völlig hilflose Mensch, verinnerlicht, lautet: *Ich bin nicht o.k. – Du bist o.k.* Gesund aufwachsende Kinder, die von ihren Eltern ausreichend Streicheleinheiten beziehen, empfinden ihren Eltern gegenüber das positive O.k.-Gefühl. Hört das Streicheln, die nahe körperliche Zuwendung aber auf, sobald das Kind laufen und seine elementaren Bedürfnisse selbst artikulieren kann, empfindet es anders, nämlich: *Ich bin nicht o.k. – Du bist nicht o.k.* Die Entwicklung des Erwachsenen-Ichs wird durch die fehlende Befriedigung des Primärbedürfnisses, nämlich gestreichelt zu werden, blockiert. Eine dritte Lebensanschauung – *Ich bin o.k. – Du bist nicht o.k.* – kann entstehen, wenn ein Kind »lange genug terrorisiert worden ist von seinen Eltern, die es doch anfänglich für o.k. gehalten hat« (Harris 1975, S. 66), so dass es schließlich den eigenen Überlebenserfolg o.k findet, die Umstände, unter denen er zustande kam, aber durchaus nicht. Die vierte Lebensanschauung – *Ich bin o.k. – Du bist o.k.* – ist im Gegensatz zu den drei vorangegangenen, die auf frühkindlichen Prägungen beruhen, eine bewusste und begrifflich artikulierbare Entscheidung. Sie wird uns nicht von außen aufgedrängt, sondern von uns selbst herbeigeführt. Darum ist sie – gewissermaßen als Sozialtechnologie – im Umgang mit Kollegen von nicht zu unterschätzender Bedeutung:

→ Was muss ich tun, damit meine Kollegen sich o.k. fühlen?
→ Wie muss ich sein, damit ich mich o.k. fühle?

Zwischen den Ich-Zuständen der Menschen, die in bestimmten Situationen aufeinander treffen, finden fortwährend Transaktionen statt. »Eine Transaktion ist eine grundlegende Verhaltenseinheit: Sie sagen oder tun etwas, was für mich bestimmt ist, und ich antworte Ihnen darauf mit einer Äußerung oder einer Handlung. Die *Transaktionsanalyse* bestimmt, von welchem Ihrer drei Ich-Zustände die Transaktion ausgeht und welcher meiner Ich-Zustände reagiert« (Kindheits-, Eltern- oder Erwachsenen-Ich). (Harris 1990, S. 26 f.) Dabei gibt es drei grundlegende Kommunikationsregeln:

1. Verlaufen Reiz und Reaktion auf parallelen Linien, findet eine komplementäre Transaktion statt; die Kommunikation bleibt im Fluss. Es ist gleich, von welchem Ich-Zustand

beim Agierenden zu welchem Ich-Zustand beim Reagierenden die Vektoren verlaufen. Die Ich-Zustände beider müssen nicht identisch, sondern komplementär sein.
Reiz und Reaktion können zwischen den Erwachsenen-Ich-Zuständen zweier Kollegen ausgetauscht werden.

Fragt Joachim zum Beispiel: »Haben Sie irgendwo mein Lineal gesehen?«, könnte Markus antworten: »Nein. Aber nehmen Sie doch so lange meins.« Eine ungestörte Kommunikation, eine komplementäre Transaktion zwischen den Erwachsenen-Ich-Zuständen der beiden Kollegen. So ungefähr erwartet man es zwischen vernünftigen Menschen, die ein Büro und den ganzen Arbeitstag miteinander teilen.

Der Reiz kann aber beispielsweise auch vom Kindheits-Ich des einen auf das Erwachsenen-Ich des anderen Partners zielen; wenn das Erwachsenen-Ich des anderen entsprechend fürsorglich (oder dominant) reagiert, findet auch hier eine komplementäre Transaktion statt. Wenn Joachim in weinerlichem Ton sagt: »Ich finde wieder mein Lineal nicht mehr. Ich habe schon alles auf den Kopf gestellt«, appelliert sein Kindheits-Ich damit an das Eltern-Ich seines Kollegen, bettelt gleichsam um Fürsorge. Wenn Markus gönnerisch erwidert: »Hier, nehmen Sie meinetwegen meins!«, schlüpft er tatsächlich in den Zustand der fürsorglichen »Eltern«, die dem »Kind« aus der Patsche helfen.

Markus wird das bald keinen Spaß mehr machen. Wie lange würden Sie denn Appelle oder Hilferufe aus dem Kindzustand Ihrer Kollegen ertragen und mit elterlicher Güte oder gar elterlicher Strenge beantworten? Wäre es nicht weniger anstrengend, wenn man sich wie erwachsene Menschen unterhalten könnte?

Aber wie bringt man den anderen (und sich selbst) dazu? Hier greift die zweite Kommunikationsregel.

2. Wenn Reiz und Reaktion im Gefüge Eltern-Kindheits-Erwachsenen-Ich einander überkreuzen, wird die Kommunikation unterbrochen.

Eine solche Unterbrechung liegt vor, wenn Markus seinen Kollegen auf die sachliche, »erwachsene« Frage nach dem Lineal »elterlich« rüffelt. Zu einer Unterbrechung der von Joachim angewandten Kommunikationsstrategie kommt es aber auch, wenn Markus auf den weinerlichen »Kind«-Appell seines Kollegen antwortet: »Lassen Sie uns doch mal einige Dinge der Arbeitsorganisation grundsätzlich regeln …« Damit bringt er Joachim in den Erwachsenen-Zustand zurück, indem er selbst den Appell des Kindheits-Ichs nicht aus seinem Eltern-Ich heraus beantwortet.

3. Verläuft hinter der offensichtlichen Transaktion noch eine verdeckte (sog. Duplex-)Transaktion, werden die Transaktionen auf der verdeckten Ebene entschieden.

Joachim fragt: »Wissen Sie, wo mein Lineal hingekommen ist?« Markus antwortet: »Nein. Nehmen Sie doch so lange meins.«
    Im Vordergrund verläuft ein Dialog zwischen den Erwachsenen-Ich-Zuständen der beiden Kollegen. Im Hintergrund provoziert (unausgesprochen) Joachims Eltern-Ich Markus' Kindheits-Ich: »Seit Sie mit in meinem Büro sitzen, finde ich nichts mehr.« Markus setzt sich adäquat zur Wehr, indem sein Eltern-Ich Joachims Kindheits-Ich (ebenfalls unausgesprochen)

bescheidet: »Ohne meine Hilfe wären Sie jetzt aufgeschmissen.« Im Vordergrund steht eine komplementäre Transaktion (Erwachsenen-Ich ↔ Erwachsenen-Ich); verdeckt im Hintergrund aber eine überkreuzende Transaktion (Eltern-Ich → Kindheits-Ich / Eltern-Ich → Kindheits-Ich). Die Beziehung zwischen Joachim und Markus wird von der verdeckten Ebene ihrer Transaktion bestimmt. Ohne dass bisher ein »böses Wort« gefallen ist, stehen beide schon im schweren Gefecht.

Woran merken Sie im Alltag, in welchem Ich-Zustand sich Ihr Kollege gerade befindet? An der Wortwahl und vor allem am Ton. Auch Ihr eigener Ich-Zustand manifestiert sich auf diese Weise. Probieren Sie einmal aus, auf wie viele verschiedene Arten Sie nach einem Lineal fragen können. Kontrollieren Sie sich selbst mit einem Kassettenrecorder. Sie werden staunen.

Die Spiele der Kollegen

Wenn Sie krisenhafte Situationen im Umgang mit Kollegen analysieren, um herauszubekommen, wo die Ursachen liegen, werden Sie mitunter feststellen, dass einige immer die gleichen Spiele aufführen, um ihre Ziele zu erreichen. »Ein Spiel«, definierte Eric Berne, »besteht aus einer fortlaufenden Folge verdeckter Komplementär-Transaktionen, die zu einem ganz bestimmten, voraussagbaren Ergebnis führen. Es lässt sich auch beschreiben als eine periodisch wiederkehrende Folge sich häufig wiederholender Transaktionen, äußerlich scheinbar plausibel, dabei aber von verborgenen Motiven beherrscht; umgangssprachlich kann man es auch bezeichnen als eine Folge von Einzelaktionen, die mit einer Falle bzw. einem trügerischen Trick verbunden sind.« (Berne 1970, S. 57)

Das Buch soll Ihnen helfen, Fettnäpfchen und Fallen zu erkennen, bevor Sie hineintappen. Wenn Sie auf den folgenden Seiten Spiele finden, die Ihnen aus Ihrem beruflichen Alltag bekannt vorkommen, wundern Sie sich nicht. Wir können Ihnen zwar Empfehlungen geben, wie Sie sich in der einen oder anderen Situation verhalten sollten; wann es aber angezeigt ist, die Kollegen-Spiele mitzuspielen, wann es gefährlich wird, als Spielverderber dazustehen und wann Sie die Spiele zu Ihrem Vorteil nutzen können, müssen Sie letztlich selbst entscheiden.

Wenn Sie selbst die eine oder andere Situation für sich durchspielen, werden Sie angstfrei und selbstbewusst auf Ihre Kollegen zugehen. Und die werden das honorieren.

Wer sind Sie?

Der Neue?
Selbstbild und Fremdbild

Wahrscheinlich werden Sie, wenn Sie Ihren ersten Tag am neuen Arbeitsplatz beginnen, unter einer gewissen Spannung stehen. Dabei ist es im Grunde ganz gleichgültig, ob Sie als frisch gebackener Akademiker Ihre erste Stelle antreten, ob Sie nach einer kürzeren oder längeren beruflichen Pause den Wiedereinstieg ins Arbeitsleben wagen, Sie als erfahrener Stellenwechsler zum wiederholten Mal diese Situation erleben oder ob Sie nur innerbetrieblich versetzt wurden. Es spielt auch keine Rolle, ob Sie in der Versandabteilung eines Maschinenbauers anfangen oder in der Immobilienabteilung einer Bank. Die Situation ist nämlich grundsätzlich immer und überall die gleiche: Die anderen waren schon vor Ihnen da. Deshalb sind Sie der/die Neue.

Es hat durchaus nicht nur Nachteile, der Neue zu sein. Man empfängt zunächst einen gewissen Bonus. In den ersten vier Wochen nimmt Ihnen keiner krumm, wenn Sie nicht wissen, wo die Poststelle ist, welcher Rechnungslauf üblicherweise eingehalten werden muss und wann die Materialausgabe geöffnet hat. Sie fragen halt nach. Wenn Sie durchs Unternehmen gehen und sich durchfragen, lernen Sie ganz nebenbei Kollegen und Strukturen kennen – oftmals auch von der halboffiziellen Seite (was sich als nützlich erweisen kann). Wenn Sie allerdings nach einem halben Jahr immer noch nicht wissen, wo die Poststelle ist, dürfen Sie sicher sein, dass sich der Bonus in einen Malus verwandelt. Im günstigsten Fall wird man Sie dann als »skurrilen Typ« beurteilen.

Neu in einem Unternehmen zu sein, heißt für gewöhnlich, seine Probezeit zu absolvieren. Während der Probezeit testet nicht nur das Unternehmen, ob Sie die Leistungen bringen und sich so verhalten, wie man es von Ihnen erwartet, während der Probezeit haben auch Sie Gelegenheit herauszufinden, ob Sie mit den anderen »können«, ob Sie einander »riechen« können und wie sich das Klima aller Voraussicht nach entwickeln wird. Mehr dazu lesen Sie bitte in dem Band *Probezeit*, der ebenfalls in der Reihe Don't panic erschienen ist.

Wer neu in einem Unternehmen oder in einem Team ist, unterliegt zunächst einem relativ starken Anpassungsdruck. Unternehmen oder Teams geben in der Regel die Arbeitsinhalte, die Arbeitsmethoden und den Arbeitsrhythmus vor, denen Sie zu folgen haben.

Auch wenn Sie anlässlich des Vorstellungsgespräches Ihre zukünftigen Kollegen schon gesehen haben – das war Vorstellungsgespräch, jetzt ist Arbeit. Doch ähnlich wie beim Vorstellungsgespräch entscheidet auch beim Arbeitsbeginn der erste Eindruck. Das gegenseitige Beschnüffeln und Abschätzen führt sehr schnell zu Bewertungen, die sich in Reaktionen und Verhaltensweisen niederschlagen. Bei Ihren neuen Kollegen genauso wie bei Ihnen. *Für den ersten Eindruck gibt es keine zweite Chance*, lautet ein amerikanisches Sprichwort. Das heißt, schon in der ersten Begegnung haben Sie mit der Frage zu tun: Wer bin ich und wie verhalte ich mich wem gegenüber?

> *Fallbeispiel:* Werner S. war von einer TV-Produktion zu einem Multimediaunternehmen gewechselt. Dort suchte man einen TV-Profi für ein »Millennium«-Projekt, das zugleich mit einer Wanderausstellung produziert werden sollte. Werner fand sich sehr schnell in seine Aufgaben hinein. Das Klima gefiel ihm. Er war sicher, dass er mit allen Kollegen gut auskommen würde. Doch schon nach kurzer Zeit stellte er fest, dass sich die Meinungen über ihn polarisiert hatten. »Was geschehen war? An meinem zweiten Arbeitstag hatten wir einen Termin im Landesmuseum. Weil ich neu in dem Projekt war, hörte ich besonders aufmerksam zu. Und weil ich – meine Kollegen waren mit dem Thema bereits vertraut – besonders aufmerksam zuhörte, sprach die Museumsdirektorin fast ständig mit Blick zu mir. Ein Teil meiner Kollegen fands okay, dass ich mich möglichst schnell einklinken wollte. Ein anderer Teil meinte wohl, ich wollte mich in den Vordergrund drängen und den TV-Profi herauskehren. Was gar nicht meine Absicht war, denn ich hatte auf der Besprechung im Museum kaum etwas gesagt.«

Werner S. verhielt sich, wie er meinte, korrekt. Dennoch gewann ein Teil der Kollegen ein negatives Außenbild von ihm. Seine Einstellung hatte bei einigen unbewusst ein Gefühl der Zurücksetzung ausgelöst. Schließlich hatte man es zuvor auch ohne ihn geschafft. Jetzt kam er, der »Experte«, als personifizierte Kritik an den Multimedia-Leuten. Wenn solche Gefühle sich ausbreiten, liegen die Ursachen in den seltensten Fällen bei demjenigen, der neu ist, als vielmehr bei denen, die schon da sind. Im gegebenen Fall hatten einige Kollegen einfach Angst, ihre Arbeit könnte nicht genügend anerkannt werden und ihre Arbeitsplätze seien gefährdet.

Werner S. steuerte, mehr instinktiv als bewusst, immer noch in dem Bestreben, sich möglichst schnell einzuarbeiten, den negativen Gefühlen einiger seiner Kollegen entgegen, indem er sich intensiv nach deren Arbeit erkundigte und ihnen seine Anerkennung aussprach. Erleichtert wurde das dadurch, dass ihm ein anderer Teil des Teams mit Sympathie zur Seite stand.

> **Tipp** Ein negatives Bild, das sich die Kollegen machen, ist oft nicht das Resultat Ihres Verhaltens, sondern Reflex der Vorurteile und Vorbehalte, Erwartungen und Befürchtungen, die Ihre Kollegen Ihnen gegenüber haben. So begeistert Sie sich auch in der Sache ins Zeug legen, vergessen Sie die Pflege der Beziehungen zu Ihren Kollegen nicht. Sie müssen den anderen nicht ständig beweisen, wie gut Sie sind. Es bekommt den Kollegenbeziehungen besser, wenn Sie den anderen hin und wieder zu verstehen geben, wie gut *sie* sind und wie sehr Sie *ihre* Arbeit schätzen.

Nicht immer gelingt der Einstieg so zur Zufriedenheit. Die gegenwärtige Arbeitsmarktsituation ist mehr als angespannt. Viele meinen deshalb, man dürfe einen festen Job nicht so einfach aufgeben. Das kann aber die völlig falsche Reaktion auf eine richtige Lageeinschätzung sein. Gerade weil die Lage auf dem Arbeitsmarkt für Bewerber schwierig ist, kann es tödlich sein, seine Zeit in einer quälenden Atmosphäre, bei einer unbefriedigenden – z. B. permanent unterfordernden – Arbeit zu vertrödeln. Tödlich für Sie als Bewerber um eine andere Stelle. Darum haben Sie keine Zeit zu verlieren. Sie verlieren dabei unter diesen Umständen Ihre fachlichen Kenntnisse und Ihre soziale Kompetenz. Und am Ende kündigen Sie doch – aber viel zu spät.

> **Tipp** Wenn Ihnen der erste Eindruck sagt, dass Sie mit diesen Kollegen, in diesem Betriebsklima, mit dieser Arbeit nicht klarkommen werden, dann zögern Sie nicht zu lange. Riskieren Sie lieber ein paar Monate Arbeitslosigkeit, die Sie zum Ausbau Ihrer Fähigkeiten nutzen können, als sich durch Ihre Kollegen »rund machen« zu lassen. Wie der Arbeitsmarkt jetzt aussieht, wissen Sie. Wie er in drei Jahren aussieht, wissen Sie nicht. Sie wissen nur, dass Sie dann drei Jahre älter sind. Und dass Sie drei Jahre verloren haben.

Ein starker Typ?
Wo steht das Klavier?

Sind Sie der Typ, dem alles gelingt? Trauen Sie sich zu, was sich andere nicht trauen? Ob Sie mit dieser »Macher«-Ausstrahlung auch so gut ankommen, wie Sie glauben und wie Sie sich das wünschen, hängt ganz von der Situation ab, in der Sie sich befinden oder in die Sie hineingeraten. Erstickte das Team in Arbeit oder stand es vor unlösbaren Problemen, dann sind Sie der Retter in der Not. Als Nothelfer sieht man verständlicherweise lieber jemanden, der eine – im doppelten Sinne – gewinnende Ausstrahlung hat, als jemanden, dessen ganzes Wesen ausstrahlt: »Ich weiß ja auch nicht, ob wir das schaffen, aber wir können es ja immerhin mal versuchen.« Befindet sich die Arbeit jedoch in normalem Fluss und herrscht im Team ein relatives Gleichgewicht der Temperamente, dürfte die kraftstrotzende Ausstrahlung des Chaisenträgers – »Wo steht das Klavier? – eher als Störung empfunden werden. Sollten Sie also von Ihren Kollegen eine deutlich spürbare Zurückhaltung erfahren, ist es an der Zeit zu überprüfen, ob Ihr Selbstbild mit dem Bild, das die anderen von Ihnen haben, grundsätzlich übereinstimmt. Ganz dramatisch kann es werden, wenn die Arbeit knapp wird und die Zahlen eine rötliche Farbe annehmen. Dann geht ein Gespenst um in der Firma – das Gespenst der betriebsbedingten Kündigung. Jetzt erweist sich, ob Sie wirklich so stark sind, wie Sie zu sein vorgaben, und ob es Ihnen gelungen ist, sich auf eine möglichst unaufdringliche Art unentbehrlich zu machen. Wenn Sie sich erst einmal isoliert haben, getreu dem Motto »Der Starke ist am mächtigsten allein«, und die anderen Sie in Krisenzeiten im Regen stehen lassen, nutzt Ihnen auch Schillers Wilhelm Tell nichts.

Im Übrigen haben es Männer mit dem Ausstellen von Stärke immer noch viel leichter als Frauen. Wenn Männer im Job Stärke demonstrieren, wird das in der Regel als eine selbstverständliche Eigenschaft bewertet; weniger soll man nicht erwarten, wenn sie ihre Arbeit ordentlich erledigen wollen. Wenn aber eine Frau eine halbwegs qualifizierte Arbeit engagiert erledigt, muss sie sich gleich mit dem Etikett Power-Frau belegen lassen. Dieses Unwort wird, besonders in den Medien, mit einer solchen Gedankenlosigkeit verwendet, dass man sich schon fast daran gewöhnt hat zu übersehen, dass es gleich zwei Herabsetzungen enthält: Erstens transportiert es das Klischee vom »schwachen Geschlecht« – warum müsste man sonst die Power als besonderes Merkmal einer Frau hervorheben? –, und zweitens drückt es noch immer die an Entsetzen grenzende Verwunderung der Männerwelt aus, dass Frauen die Küche verlassen und arbeiten dürfen. Sigrun S., gestandene Rundfunkredakteurin: »Wenn mich jemand Powerfrau nennt, habe ich echt Mühe, nicht aggressiv zu reagieren. Besonders wütend werde ich, wenn Frauen das Wort benutzen. ›Powerfrau‹ ist für mich nur die vornehmere Variante von ›Flintenweib‹.«

Auch wenn Ihnen diese Deutung vielleicht überzogen vorkommt: Es geht wahnsinnig schnell, dass Ihnen ein Klischee verpasst wird. Auf einmal sind Sie nur noch Typ und nicht mehr Individuum. Wenn Ihnen das passiert, ist vorher wahrscheinlich etwas passiert. Haben Sie sich zu stark in den Vordergrund gedrängt? Haben Sie Ihre Kollegen verängstigt? Drückt Ihr Arbeitsstil die anderen an die Wand? Sehen die anderen Sie so, wie Sie selbst sich sehen?

Tipp	Versuchen Sie einmal, sich in einen anderen Kollegen hineinzuversetzen. Nehmen Sie dessen Platz ein und beschreiben Sie (als der andere) Ihren Arbeitsstil. Schildern Sie die Bedenken und Vorbehalte, die man Ihnen gegenüber haben kann. Wenn Sie noch einen Schritt weiter gehen wollen, suchen Sie sich am besten einen Ihrer Kollegen, mit dem Sie »gut können«. Vereinbaren Sie mit ihm diesen Rollentausch und beschreiben Sie sich aus seiner Sicht. Bitten Sie ihn dann, in Ihre Person zu schlüpfen und sich selbst aus Ihrer Sicht zu beschreiben. Dieser für beide ungewohnte und schwierige Dialog wird dazu führen, dass Sie Ihre wechselseitigen Vorbehalte und Animositäten kennen lernen.

Eine graue Maus?
Mit Speck zu fangen

Sie sitzen mit Ihren Kollegen bei einem Brainstorming zusammen. Sie machen einen Vorschlag, auf den keiner reagiert. Die Besprechung zieht sich hin. Schließlich wiederholt einer – oft ist es ein Mann – der α-Kollege – fast wortwörtlich Ihren Vorschlag. Und alle stimmen auf einmal begeistert diesem Vorschlag zu. Sie fassen sich an den Kopf und fragen sich, was hier los ist.

Es muss nicht der böse Wille Ihres Kollegen sein, der Ihnen nur die beste Idee klauen wollte. Wahrscheinlicher ist, dass Sie eine »graue Maus« sind. Das hat nichts mit Äußerlichkeiten zu tun, Sie können ein Kerl wie ein Baum oder eine rothaarige Lady sein und trotzdem in der fraglichen Situation behandelt werden wie eine graue Maus. Vielleicht haben Sie noch gar nicht bemerkt, dass es in Ihrem Team einen α-Kollegen gibt, dem alle etwas aufmerksamer zuhören, bei dessen Witzen etwas lauter gelacht wird, dem auch Sie mehr zutrauen, als Sie sich selbst zutrauen würden?

Oft nimmt man an, am besten könnten Männer eine Gruppe führen, ohne Chef zu sein. Wo dies tatsächlich der Fall ist, haben es nicht nur weibliche Teammitglieder schwerer, die Hülle der grauen Maus abzustreifen; auch weibliche Vorgesetzte haben es schwerer, sich durchzusetzen.

Wenn Ihnen das Los der grauen Maus zugefallen ist, fragen Sie sich: Haben Sie es widerspruchslos hingenommen, dass man über Ihren Vorschlag hinwegging? Haben Sie darauf bestanden, dass man sich zu Ihrem Vorschlag äußert, ablehnend oder zustimmend, wie auch immer, aber eben mit Bestimmtheit äußert? Haben Sie sich, sollte Ihr Vorschlag abgelehnt worden sein, abschließend vergewissert, dass Ihre Idee endgültig ad acta gelegt wurde? Oder haben Sie durchsetzen können, dass Ihre Idee erst einmal in eine »Zwischenablage« kam, um später noch einmal darauf zugreifen zu können? Das haben Sie alles nicht getan? Hätten Sie aber tun sollen.

Die Forderung, sich zu Ihrem Vorschlag zu äußern, erlaubt Ihnen einen Rückschluss, ob Ihre Nachricht überhaupt angekommen ist. Indem Sie, auch bei einem negativen Feedback, noch einmal nachfragen, ob Ihre Idee endgültig verworfen wurde, *und dabei diese Idee noch einmal aussprechen* (»Ist mein Vorschlag, *die Rubrik ›Umsatz nach Vertretergebieten‹ als Kontrollinstrument einzuführen*, also hinfällig?«), verschaffen Sie sich so viel Zuwendung, dass selbst beim Unwilligsten etwas von Ihrem ursprünglichen Vorschlag hängen bleibt. Nebenbei sichern Sie sich gegen (unbeabsichtigten) Ideenklau und, was noch wichtiger ist, Sie senden im Untertext eine Botschaft an Ihre Kollegen: »Liebe Leute, so nicht mit mir!«

Jetzt kann zweierlei passieren: Entweder der α-Kollege bemerkt die Gefahr, die ihm von Ihrer Seite droht, dann wird er beim nächsten Mal Ihren Namen erwähnen, wenn er Ihnen eine Idee klaut, und Sie großmütig in sein Gefolge aufnehmen, Sie vielleicht im Rang sogar etwas näher an sich heranziehen; das ist das Stück Speck, mit dem er Sie fängt, damit Sie weiter graue Maus bleiben. Oder er bemerkt nichts; aber dann bemerken die übrigen Kollegen umso deutlicher den Widerstand, den Sie leisten.

Tipp Verzichten Sie auf den Speck, wenn Sie die Chance haben, die Speisekammer souverän zu beherrschen. Wenn Sie das Rückfrageverfahren wirklich zwei-, dreimal in Diskussionen durchziehen, werden Sie bald feststellen, dass man Ihnen ganz anders zuhört als früher. Das stärkt, ohne dass Sie es ausdrücklich wollen, Ihre Ausstrahlung und verleiht Ihnen Kompetenz. Und – wer weiß? – vielleicht verwandeln Sie sich ja von der grauen Maus zum α-Kollegen.

Der Hilfsbereite?
Nicht nein sagen können

Gehören Sie auch zu den Menschen, die nicht Nein sagen können, wenn ein netter Kollege mit hilflosem Blick vor Ihnen steht und nicht weiß, wo er den Vorgang »Grundsanierung Schlossallee« finden kann? Oder wenn eine familiengestresste Kollegin Sie flehentlich bittet, den freien Tag mit ihr zu tauschen (und Ihr freier Tag natürlich zwischen Weihnachten und Neujahr liegt)?

Fallbeispiel: Falk H. ist in einer hessischen Softwareschmiede für die Dokumentation zuständig. Der Natur seiner Arbeit gemäß bündeln sich bei ihm viele Informationen aus verschiedenen Bereichen des Unternehmen und er weiß um alle wesentlichen Zusammenhänge, denn bei ihm landet alles, was die Entwickler verzapft haben und was den Supportern an Problemen bekannt geworden ist. Angesichts der heftigen Fluktuation im Unternehmen wird Falk nach drei Jahren Betriebszugehörigkeit schon als alter Hase angesehen. Wann immer jemand im Hause nicht weiter weiß, ruft er bei Falk an – und Falk weiß zumindest, wo die Akten stehen oder wo derjenige jetzt ist, der das mal gemacht hat und als einziger weiß, wie es geht. Da es sich um Fragen handelt, die den Betriebsablauf betreffen, klemmt Falk sich hinter jede Anfrage. Zu seiner eigentlichen Arbeit kommt er oft nicht mehr. Sein Chef schaut sich das eine Weile an und schreitet schließlich ein, nimmt sich erst Falk und dann die Mitarbeiter zur Brust, die ihn als Auskunftsbüro missbraucht haben.

Nicht immer kommen Chefs ihrer Fürsorgepflicht auf diese Weise nach. Ob es wünschenswert ist, dass der Chef eingreift, ist ja ohnehin zu fragen. Selbsthilfe und »Erziehung« der Kollegen sind angesagt. Vielleicht so, wie es Traudel St. gemacht hat, als sie das Gefühl hatte, einer Vertrags- und Lizenzabteilung vorzustehen, nachdem sie einmal einem Kollegen in einer Vertragsangelegenheit geholfen hatte. Vor lauter Nachfragen (»Wie viel kriegt eigentlich der …?«, »Wann ist denn eigentlich der Termin für die Hongkong-Sache?«, »Ist Dr. K. eigentlich damals selber nach London geflogen oder waren die Herren bei uns?«) hatte sie kaum noch Zeit für ihre eigentliche Arbeit. So berief sie eines Tages ihre wissensdurstigen Kollegen zu einem Meeting ein, das nur eine Minute dauerte. Sie überreichte einen kopierten Grundriss des Büroflurs, führte ihre Kollegen vor den Aktenschrank und sagte: »Jedes Mal, wenn einer von Ihnen anruft, gehe ich an den Aktenschrank und suche den Vorgang für Sie heraus. Sie wissen jetzt, wo dieser Aktenschrank steht. Damit Sie ihn wieder finden, habe ich Ihnen diese Wegbeschreibung kopiert.« Ende der Veranstaltung. Traudel blieb fortan (fast) ungestört.

Tipp Ob Sie einen weicheren oder einen härteren Weg wählen – sammeln Sie keine miese Laune an wie Rabattpunkte, die Sie irgendwann dem ersten Besten zur Einlösung präsentieren, sondern sprechen Sie den Fall möglichst unmittelbar und direkt an. Machen Sie sich die folgenden drei Grundsätze zur Regel.
Erstens: Gehen Sie nicht gleich zum Chef, um sich über den betreffenden Kollegen, von dem Sie sich ausgenutzt fühlen, zu beschweren.
Zweitens: Machen Sie nicht bei anderen Kollegen miese Stimmung gegen den Betreffenden.
Drittens: Klären Sie den Konflikt möglichst in einem Vieraugengespräch und nicht vor anderen Kollegen.
Dabei sollten Sie nach einer Zweistufentaktik vorgehen. Geben Sie zunächst dem Kollegen die Chance, einen Irrtum oder ein Versehen einzuräumen. Bedanken Sie sich dafür, dass er Ihre Kompetenz anerkennt. Wenn er mit dem Bemerken: »Ich dachte, Sie wären dafür die richtige Anlaufstelle ...« das Gesicht wahren kann, wird er Ihnen auch weiterhin gewogen bleiben. Hilft das nicht, machen Sie den Arbeitsstil, die Kompetenzverteilung und die gegenseitige Achtung selbst zum Thema des Gesprächs.

Der Harmonie Suchende?
Ja sagen wollen

Sind Sie ein Jasager? Bestimmt werden Sie diesen Verdacht weit von sich weisen! Dabei ist der klassische Jasager nur ein Archetypus, der ein Grundbedürfnis zum Ausdruck bringt, das uns alle regiert: das Bedürfnis nach Harmonie. Es gibt also gar keinen Grund, sich dessen zu schämen, dass man Ja sagen möchte.

Harmonie Suchende gibt es in zweierlei Ausprägung. Die des ersten Typus sind ihrem Wesen nach auskömmliche Menschen. Sie brauchen nur eine Umgebung, in der sie die erwünschte Harmonie auch finden können. Sie passen sich dem Leben in einer fest gefügten mehrstufigen Hierarchie hervorragend an; schließlich ist auch Stabilität eine Form von Harmonie. Doch auch auf flachen Hierarchieebenen sind sie zu Hause. Sie sorgen für Ausgleich und für ein freundliches Klima. Sie sind froh, dass die flache Hierarchie keine Verlockungen bietet, um Karriere zu machen. Das würde sie stören, ihren Beruf so gut auszuüben, wie nur sie es können. Und das ist viel in einer Zeit, da die meisten keine Lust mehr haben, einen Beruf auszuüben, sondern nur noch einen Job suchen. Den Harmonie Suchenden fällt es schwer, Nein zu sagen. Sie können es zwar, sogar leichter als die Hilfsbereiten, aber es bereitet ihnen ein Unbehagen, das bis zu psychosomatischen Störungen gehen kann.

Harmonie suchende Menschen haben eine ganz bestimmte Strategie, mit Konflikten umzugehen: Während ihre Kollegen Seminare zum Thema »Konfliktgespräche führen« besuchen, bekennen sie sich offen dazu, dass sie Konflikte am liebsten vermeiden. Nicht, dass sie Konflikten aus dem Wege gingen (was oftmals falsch verstanden wird), das schaffte sie ja nicht aus der Welt. Aber wenn sich die streitenden Seiten am Ende doch auf einen Kompromiss einigen, muss es einen vernünftigen Weg geben, diese Kompromissformel auch ohne erbitterte Auseinandersetzung zu finden. Darum sind die Harmonie Suchenden die geborenen Mediatoren. Sie verabscheuen Intrigen, denn jede Intrige wäre ein Nein zur Loyalität. Und sie wollen schließlich Ja sagen.

> **Tipp**
>
> Wenn Sie sich selbst zum Typus des Harmonie Suchenden zählen, werden Sie vermutlich gegen das Vorurteil ankämpfen müssen, Auseinandersetzungen auszuweichen und Entscheidungen zu scheuen. Stellen Sie diesem Vorurteil entgegen, dass Ihre Strategie der Konfliktvermeidung eine Methode des Umgangs mit und nicht des Ausweichens vor Konflikten darstellt und dass es Ihnen darum geht, Gerechtigkeit herzustellen anstatt Recht zu behalten.

Der Lethargische?
Ja, aber …

Kennen Sie das Spiel »Warum nicht – Ja, aber …«? Es ist ein beliebter Gegenstand von Partygesprächen. Aber es kommt immer wieder gehäuft in Büros und zwischen Arbeitskollegen vor. Hauptdarsteller ist der Lethargische, der oft mit dem Harmonie Suchenden verwechselt wird. Aber im Gegensatz zu ihm sucht er nicht die positive Harmonie des Kompromisses, sondern eine Art negativer Harmonie. Der Lethargische scheut Entscheidungen. Und dann sucht er die Bestätigung dafür, dass es richtig ist, einer Entscheidung auszuweichen. Um diese Bestätigung zu erlangen, spielt er »Warum nicht – Ja, aber …«

> *Rolf:* Ich weiß nicht, ich komme mit Dr. Kramer nicht zurecht. Ich habe das Gefühl, er akzeptiert mich nicht.
> *Gerd:* Dann bewirb dich doch intern auf die Assistenz der Geschäftsleitung.
> *Rolf:* Dann würde Dr. Kramer denken, ich weiche ihm aus.
> *Gerd:* Kann dir doch egal sein, du wärst ihm dann ebenbürtig.

Rolf: Aber auf so einer Stabsstelle ist der Karriereweg dann auch ziemlich verbaut.
Gerd: Okay, warum bewirbst du dich nicht ganz woanders?
Rolf: In meinem Alter woanders noch mal ganz von vorn anfangen?
Gerd: Warum sprichst du nicht mal mit Dr. Kramer über deine Situation?
Rolf: Ausgerechnet mit Kramer!
Gerd: Vergiss doch mal Dr. Kramer. Denk an deine Arbeit. Die macht dir doch Spaß.
Rolf: Schon. Aber ich habe noch 20 Jahre bis zur Rente. Und wenn ich mir vorstelle, dass nichts anderes mehr kommt …

Rolf könnte dieses Spiel noch lange fortsetzen, so lange, bis Gerd die Geduld verliert und bekennt, dass ihm nun auch nichts mehr einfällt. Dann kann sich Rolf als Sieger fühlen (»Siehst du, ich habs gewusst, du kannst mir auch nicht helfen. Es gibt keine Lösung für mein Problem.«). Der Sinn des Spiels ist nämlich nicht, Lösungsvorschläge zu prüfen und anzunehmen, sondern sie der Reihe nach abzulehnen. Wenn der Mitspieler aufgibt, ist die negative Harmonie des entscheidungslosen Zustandes wieder hergestellt und der Hauptdarsteller kann in seine Lethargie zurückfallen.

> **Tipp** Wenn Sie ganz ehrlich zu sich sind, werden Sie einräumen müssen, dass Sie das Spiel »Warum nicht – Ja, aber …« schon mal gespielt haben – zumindest in Gedanken. Dieses Spiel ist wie kaum ein zweites geeignet, Ihre Kollegen auf die Palme zu bringen. Wenn Sie sich dabei ertappen, schreiten Sie gegen sich ein.

Der Ängstliche?
Nur nicht anecken

Wenn ich keinem etwas tue, tut mir auch keiner etwas, lautet das Credo des Ängstlichen, der nirgends anecken will. Ein ängstlicher Mensch ist von einer so hervorstechenden Unauffälligkeit, das auch der Verschlafenste noch merkt, dass mit ihm etwas nicht stimmt.

Schon in der Schulzeit bekam immer der Ängstlichste die meiste Prügel. Rohlinge wissen, dass sie an ängstlichen Menschen ihre Rohheit am ungefährdetsten ausleben können. Fast möchte man glauben, in den Ängstlichen hätten sich vor allem jene Gene durchgesetzt, die in den Savannen und Sümpfen der Vorzeit unseren urmenschlichen Vorfahren einst durch Tarnung und Flucht zum Überleben verholfen haben.

Wenn Sie sich zum ängstlichen Typ zählen, sind Tarnung und Flucht im Umgang mit Kollegen für Sie nicht gerade situationsadäquate Verhaltensweisen. Sie strahlen auf alle anderen Ihre *Nicht-o.k.*-Lebenshaltung aus. Und das ist geradezu eine Einladung, Ihnen noch eins drüberzubraten und Sie in Ihrer *Nicht-o.k.-Haltung* zu bestätigen.

Die Gründe für Ihre ängstliche Zurückhaltung können sehr unterschiedlich sein, z. B.:

- ➔ das Gefühl physischer Schwäche
- ➔ als mangelhaft empfundene Ausbildung oder Vorbereitung
- ➔ das Gefühl der Überforderung
- ➔ die Erfahrung zurückliegender Misserfolge
- ➔ die Launenhaftigkeit des Chefs oder
- ➔ die Dominanz bestimmter Kollegen im Team.

Nicht alle Probleme, aus denen Ängste erwachsen können, bekommen Sie möglicherweise selbst in den Griff. Aber einige Dinge, die das unmittelbare Arbeitsumfeld betreffen, können Sie schon in Ihrem Sinne regeln.

> **Tipp** Sie müssen da durch! Suchen Sie sich wenigstens einen Verbündeten im Team, mit dem Sie Ihre Ängste besprechen und deren Ursachen analysieren können und der Ihnen den Rücken stärkt. Vor allem müssen Sie sich eines klar machen: Sie sind im Unternehmen, weil Sie das, was Sie können, besonders gut können, nicht weil die anderen einen Sündenbock brauchen. Sie sind o.k.!

An den Launen des Chefs werden Sie nicht viel ändern können. Aber den selbstbewussten Umgang mit dominierenden Kollegen können Sie lernen.

Amy Bjork Harris schreibt in *Einmal o.k. – immer o.k.* einen beherzigenswerten Satz: »Wir können die negativen Gefühle zwar nicht daran hindern, uns zu überfallen, aber wir können sie daran hindern zu bleiben.« (Harris 1985, S. 17)

Der Übereifrige?
Als Erster kommen und als Letzter gehen

Die Methode, es sich mit allen Kollegen bis in die Steinzeit zu verderben: Kommen Sie morgens als Erster und gehen Sie abends als Letzter. Bitten Sie den Chef um einen Schlüssel für den Hintereingang, damit Sie nachts, wenn Ihnen noch etwas

Wichtiges einfällt, in die Firma zurück können. Lassen Sie sich möglichst einmal wöchentlich im Geschäft einschließen. Sagen Sie dann, es wäre aus Versehen passiert, weil das Zahlenwerk, das Ihnen Dr. K. zur Einarbeitung gegeben hat, Sie so zu faszinieren vermochte, dass Sie darüber Raum und Zeit vergessen hätten. Oder sagen Sie, dass Sie das Konzeptpapier für den Chef noch einmal überarbeiten wollten und gar nicht gemerkt hätten, wie die Zeit verging. Machen Sie Ihren Kollegen so richtig klar, dass Sie sie für eine arbeitsscheue Bande von Schmarotzern halten, die sich auf Kosten der Firma durchfrisst, und dass ohne Sie das Unternehmen auf keinen grünen Zweig käme. Spielen Sie »Meins ist besser als deins« in allen Varianten.

Wenn Ihnen dann noch jemand in der Firma die Hand gibt, können Sie sicher sein, dass mit demjenigen etwas nicht stimmt oder dass in der Firma selbst irgend etwas faul sein muss.

Tipp	Vielleicht macht Ihnen die Arbeit wirklich nur Spaß? Oder Sie haben tatsächlich so viel zu tun, dass es nicht anders geht als mit den Eigenschaften eines Workaholics? Dann vermeiden Sie gegenüber den Kollegen möglichst den Eindruck, sich hervortun zu wollen. Schlüpfen Sie in die Rolle eines Kollegen und beschreiben Sie die Symptome Ihrer Arbeitssucht aus seiner Sicht. Merken Sie sich alle Details, die Sie an sich als besonders störend beschrieben haben, und versuchen Sie, sie abzustellen. Besorgen Sie sich Ihre »Droge« ohne Aufsehen und genießen Sie die Arbeit in aller Stille.

Das Sonntagskind?
Bevorzugt und befördert

Fast in jedem Unternehmen, das eine bestimmte Mindestgröße überschritten hat, gibt es einen Mitarbeiter, von dem die Kollegen meinen, er sei beim Chef besonders gut angeschrieben. Er oder sie gilt als »Sonntagskind«. Das Sonntagskind bekommt frei, wenn es mal dringend privat etwas zu erledigen hat, das Sonntagskind wird bei der Urlaubsplanung bevorzugt, bekommt die lukrativere Arbeit zugewiesen (wahlweise die leichtere, die sauberere u. Ä.) – und wahrscheinlich hat es mit dem Chef zusammen eine Leiche im Keller. Die Mindestbetriebsgröße liegt bei vier bis fünf Mitarbeitern, weil sonst die Gruppenbildung unter Ausschluss des Sonntagskindes nicht richtig funktioniert.

Fallbeispiel: Als Katharina Z. ihre Stelle als (einzige) Producerin einer TV-Produktionsgesellschaft antrat, stand sie der geschlossenen Front von Mitarbeiterinnen aus Sekretariat, Buchhaltung und Presse gegenüber. »Ich hatte mir erlaubt, beim Chef meinen Urlaub einzureichen. Da ging der Terror erst richtig los. Wie ich es wagen könnte, meinen Urlaub zu planen, ohne mit den Kolleginnen Rücksprache zu nehmen! Und das, obwohl ich erst seit einem halben Jahr in der Firma wäre! Um das klarzustellen: Ich hatte keine Urlaubsvertretung, und keine der Kolleginnen aus der Buchhaltung, dem Sekretariat und der Presse hatten die Absicht oder wären in der Lage gewesen, mich als Producerin zu vertreten. Einzig und allein der Chef konnte entscheiden, wann er mich brauchte und wann er mich in die Ferien ziehen lassen konnte.«

Die Kolleginnen von Kartharina Z. spielten hier eine Variante das alten Kinderspiels *Meins ist besser als deins.* »Ich bin zwar kleiner als du (»nicht o.k.« im Sinne der Transaktionsanalyse), aber meine Spielzeugeisenbahn ist viel schöner als deine.« So könnte der Satz bei Vorschulkindern lauten, wenn der Kleinere die Spielregeln bestimmen will. Bei Erwachsenen, die in dieses Spiel zurückfallen, hat der Satz kaum eine andere Qualität. Er wird aber nicht ausgesprochen, sondern ist im Untertext nachzulesen: »Ich bin zwar nur die Sekretärin (»nicht o.k.« im Sinne der Transaktionsanalyse), aber ich bin schon viel länger in der Firma.«

Katharina Z. hat – unwissentlich – gegen Bräuche verstoßen, die schon lange bestanden, bevor sie in die Firma eintrat. Ihre berufliche Qualifikation und die Art ihrer Tätigkeit sicherten ihr eine gewisse Exklusivität. Der Chef hielt naturgemäß einen engen Kontakt zu ihr. Ganz automatisch geriet sie in die Position des Sonntagskinds. Von da ist es nur noch ein kurzer Schritt, ihr ein Verhältnis mit dem Chef anzudichten.

Kollegen beobachten ganz genau, wie sich die Beziehung des Chefs zu Ihnen entwickelt. Ganz besonders aber, wenn Sie in die Position des Sonntagskindes geraten sind. Je mehr sich der Chef um Sie kümmert, je häufiger er Ihnen wichtige Aufgaben anvertraut, desto eher werden Sie als Konkurrent um die Gunst des Chefs eingestuft. Einige werden Sie hofieren, weil sie meinen, in Ihrer Nähe auch ein paar Strahlen von der Gnadensonne abzubekommen, andere werden intrigieren und auf den Moment warten, da Sie straucheln, um Sie dann zu Fall zu bringen. Wieder andere werden Sie verunglimpfen, werden behaupten, dass Sie ein Protegé sind, dass Sie mit dem Chef etwas haben, dass Sie ein Zuträger sind usw. Dabei ist überhaupt nicht entscheidend, was sich tatsächlich abspielt, sondern was die anderen vermuten und wie Sie sich verhalten.

> **Tipp** Versuchen Sie, aus der Rolle des Sonntagskindes möglichst schnell herauszukommen. Vermeiden Sie alle Handlungen, die Ihre Kollegen in ihren Vorurteilen bestärken, die Misstrauen und Neid wachsen lassen können. Geben Sie dagegen Ihren Kollegen ein Gefühl von Sicherheit. Erzählen Sie von sich, beteiligen Sie sie an Ihren Problemen, befriedigen Sie ihre Neugier. Lassen Sie auch Ihre private Sphäre nicht aus. Ziehen Sie die Grenze dort, wo Ihre fachliche Kompetenz eine Einmischung von Fachfremden nicht mehr zulässt. Es hilft nicht immer, aber es ist der einzige Weg.

Der Unbeherrschte?
Nerven zeigen unter Stress

Die folgende Situation können Sie sich leicht ausmalen, denn jeder hat sie schon einmal in der einen oder anderen Form erlebt.

Ihnen raucht der Kopf, denn Sie müssen bis 14 Uhr eine Projektkalkulation abgeben. An Ihrem Computer hat ein anderer Kollege gearbeitet und die Voreinstellungen verändert, so dass es Ihnen nicht gelingt, Ihr Dokument in einer präsentablen Fassung zu formatieren. Und die Uhr tickt, während Ihre schwangere Kollegin, die man schonplatzhalber zu Ihnen gesetzt hat, weil Sie Nichtraucher sind, eine Hebamme nach der anderen anruft, um sich hinsichtlich der bevorstehenden Hausgeburt beraten zu lassen. Und dann macht Ihr Computer plötzlich »Bööp« und erfreut Sie mit der Nachricht, dass das System wegen dringender Wartungsarbeiten am Server um 13 Uhr abgeschaltet wird. Da es 12 Uhr 58 ist und die Projektkalkulation erst halb fertig, verlieren Sie die Nerven und schmettern Ihre Unterlagen – ungeachtet aller tadelnden Schwangerenblicke – auf den Boden. Und die Kollegen auf der Etage dürfen sich an einer Serie von haarsträubenden Flüchen delektieren.

Könnte alles ganz amüsant sein; immerhin kann jeder mal in so eine Klemme geraten. Und ein herzhafter Ausbruch zur rechten Zeit beugt bekanntlich Magengeschwüren vor. Aber viele Kollegen halten »unbeherrschtes« Verhalten für inakzeptabel und werden es Ihnen ankreiden. Was ist dagegen zu tun?

Wie in vielen Fällen ist Vorbeugen besser als auf den Hintern fallen. Darum ist es gut, wenn Sie Ihre Kollegen beizeiten darauf aufmerksam machen, dass sie bei Ihnen hin und wieder mit einem situationsbedingten Temperamentsausbruch zu rechnen haben. Das Geheimnis liegt – ähnlich wie beim Zeugnis-Chinesisch – in der positiven Formulierung: *situationsbedingter Temperamentsausbruch*. So darauf eingestellt, wird es den Kollegen richtig fehlen, in einer gegebenen Situation keinen Ausbruch von Ihnen zu hören. Und wenn Sie doch noch jemand für unbeherrscht hält, antworten Sie ihm mit dem alten Witzwort: »Was heißt hier unbeherrscht? Das war eiserne Selbstdisziplin. Ein anderer wäre aus dem Fenster gesprungen.«

Besser ist es jedoch allemal, Beherrschung zu üben und Ihr Temperament auf anderen Ebenen zu beweisen. Statt unkontrollierter Selbstoffenbarung sollten Sie sorgfältig auswählen, was Sie sagen und tun. Im Zweifel ist es besser, Situationen so weit es geht zu meiden, auf die Sie erfahrungsgemäß unbeherrscht reagieren. Denn das könnte Folgen haben, die Sie in ihrer Tragweite gar nicht richtig abgeschätzt haben.

Fallbeispiel: In einer Partnervermittlungsagentur hatte es Streit um Abrechnungen, Spesen und Provisionen gegeben. Die Auseinandersetzung kulminierte darin, dass ein Mitarbeiter wütend die Büroschlüssel auf den Schreibtisch einer Kollegin warf und Türen schlagend, aber ansonsten wortlos das Büro verließ. In den nächsten Tagen erschien er nicht zur Arbeit, worauf der Arbeitgeber ihm mitteilte, dass er seine fristlose Kündigung annehme und die Gehaltszahlung einstellte.
Das Landesarbeitsgericht Frankfurt hatte diesen Fall zu beurteilen und wertete das Verhalten des Mitarbeiters als fristlose Kündigung von Arbeitnehmerseite (LAG Frankfurt am Main 9 Sa 1068/98). Auch wenn das Wort selbst nicht ausgesprochen wird, können also dramatische Auftritte wie Schlüssel hinwerfen, Türen knallen, nach einem Streit den Arbeitsort verlassen als Kündigung des Arbeitnehmers bewertet werden.

Die Betriebsnudel?
Witzig bis zum Abwinken

Menschen mit Humor gehören zu den Lichtblicken im tristen Büroalltag. Meistens sind es die Tristen und Tristessen, die den Humor am Arbeitsplatz besonders nachdrücklich einfordern. Aber leider haben es bei ihnen Menschen mit Witz und Humor oft besonders schwer.

Fallbeispiel: Volker G., geborener Berliner, war aus beruflichen Gründen ins Rhein-Main-Gebiet gezogen. Eines Tages erzählte er seinen Kollegen folgende – wie er meinte – witzige Begebenheit: »Ick also beim Bäcker. Nu heeßen ja die Dinger, die bei uns Pfannkuchen sind, hia albernerweise Berlina. Da liejen also Berlina mit Glasur und daneben Berlina mit Krümelzucka. Sar ick zu der Bäckersfrau: Jute Frau, sar ick, det eene sind wohl die Westberlina und det andre die Ostberlina? Nee, sachtse janz ernsthaft, die eenen sind jefüllt und die anderen unjefüllt …« Da schaute ihn seine Kollegin ganz erstaunt an und erwiderte: »Na, damit hatte sie doch wahrscheinlich recht!« Da begriff Volker G., dass er in einem anderen Bundesland war, legte seinen Dialekt ab, schaute sich Karnevalsumzüge an und machte keine Witze mehr mit Bäckersfrauen und Kolleginnen. Volker G. lebt heute schweigsam und zurückgezogen in Wiesbaden.

Wo verschiedene Nationen in einem Team zusammenarbeiten, ist die Verständigung manchmal schon schwierig. Aber wo unterschiedliche Lachkulturen aufeinander treffen, ist sie manchmal einfach nicht mehr möglich.

Humor, Witz, Ulk sind Dinge, die man schwer erklären, kaum begründen und unmöglich rechtfertigen kann. Wenn man ankommt, ist es okay, wenn nicht, hat es keinen Sinn, sich in den Schmollwinkel zurückzuziehen.

Berliner Mutterwitz kommt in Bayern nicht gut an. Für Kölsche Launigkeit hat man hingegen in Berlin wenig Verständnis. Sächsischer Witz gilt im Westen als ordinär. Das ist aber nur das eine. Das andere ist, dass es wirklich humorlose Menschen gibt, die es als persönliche Beleidigung empfinden, dass Sie so gut drauf sind. Und ein drittes: Es gibt Situationen, da sind Schweigen und Zurückhaltung angebrachter als ein witziger Kommentar, auch wenn es Ihnen noch so sehr in der Zungenspitze juckt.

> **Tipp**
>
> Sie sollten aber auch mit einer gewissen Vorsicht zu Werke gehen, wenn Sie merken, dass Ihr Humor der Humor der anderen nicht ist. Beobachten Sie genau, wer im Team auf welche Weise Witze macht und vor allem: wer mit wem. Wer reagiert besonders empfindlich? Welcher Stil herrscht im internen Schriftverkehr? Das lässt Rückschlüsse zu auf die allgemeine Offenheit oder Zugeknöpftheit im Unternehmen.

Wer sind die anderen?

Der Tyrann
Herrscher, von Launen beherrscht

Sie kommen morgens ins Büro oder an Ihren Arbeitsplatz und riechen förmlich: Da stimmt was nicht! Und Sie ahnen, dass Ihr Geruchssinn Recht hatte, wenn Sie Herrn Hülsemann begegnen, der Sie schon beim Guten-Morgen-Gruß wissen lässt, ob er gut oder schlecht geschlafen hat, ob ihm Erdstrahlen oder unterirdische Wasseradern die Ruhe nahmen, ob der Mond im falschen Winkel leuchtete oder ob ihm sonst irgend eine Laus über die Leber gelaufen ist.

Oft fragen sich die anderen Kollegen dann: Was haben wir wieder falsch gemacht? Der tyrannische Kollege ist in der Regel nicht etwa ein Vorarbeiter, Gruppenleiter oder ein anderer Vorgesetzter auf der unteren Management-Ebene, sondern eher das Gegenteil: ein Mensch, der sich zurückgesetzt fühlt, der in seinem Beruf nicht produktiv ist, der die Gefühle der Minderwertigkeit nicht los wird und der sie durch eine Palette von Spielen, wie sie alle Zurückgesetzten gerne spielen, kompensiert.

Das Problem ist, dass man zwar einerseits die Motive und Hintergründe eines solchen Verhaltens relativ schnell erkennt, dass aber auf der anderen Seite diese Kollegen mitunter eine ungeheure negative Kraft ausstrahlen; so wie ein Liter Altöl Tausende Liter Trinkwasser verseucht, so kann ein tyrannischer Kollegen die Atmosphäre des gesamten Teams zerstören.

Der Tyrann tut so, als stünde er über den Normen, als wäre es sein Recht, sich dieses oder jenes herausnehmen zu dürfen. Dabei ist es nur eine – im wahrsten Sinne des Wortes – vorgespielte Souveränität.

Tyrannen überzeugen nicht durch Argumente, sondern dominieren durch Lautstärke. Wenn ein Tyrann herumbrüllt oder seine Kollegen ankeift, können Sie sich ihm in den Weg stellen und zurückbrüllen: »Schreien Sie mich nicht so an!« Die Erfolgsaussichten gehen gegen Null. Dafür ist die Chance, dass der Disput zum Streit eskaliert, nahezu hundertprozentig. Aber versuchen Sie es doch mal mit der Bitte: »Könnten Sie das noch mal langsam, zum Mitschreiben, wiederholen?« Bisher ist nicht bekannt geworden, dass es einem Tyrannen gelungen wäre, langsam zu brüllen.

Es gibt im Grunde nur zwei Wege, auf denen Sie dem Tyrannen entgegentreten können: Zunächst müssen Sie sein Spielangebot erkennen und sein Spiel durchkreuzen. Beliebte Tyrannenspiele sind u. a.:

- ➔ »Ich hab heute eine Scheißwut auf …«
- ➔ »Ich hab das schon hundertmal gesagt!«
- ➔ »Der soll mir mal kommen!«
- ➔ »Was geht mich das an?«
- ➔ »Die werden schon sehen, was sie davon haben / Die sollen sehen, wie sie damit fertig werden!«
- ➔ »Das musste ja so kommen!«

Wenn Sie auf das Spielangebot des Tyrannen eingehen, wird sich die Schraube der Missgelauntheit immer tiefer in Ihr Bewusstsein drehen und Ihnen schließlich den ganzen Tag verderben.

Der zweite Weg ist schwieriger. Er besteht darin, dem Tyrannen nicht zu gestatten, sich auf der Ebene des frustrierten Eltern-Ichs oder des beleidigten Kindheits-Ichs zu bewegen, sondern ihn zu einem Vertrag unter gleichberechtigten Erwachsenen zu zwingen. Dazu kann unter Umständen gehören, dass man – uneigennützig – dem tyrannischen Kollegen einen sachlichen Arbeitserfolg organisiert, ihn quasi an die Hand nimmt und ihm zeigt, wie es geht. Das freilich kostet Überwindung.

Der Schnorrer?
Von Alleskleber bis Zigarette

»Ich will mir ja eigentlich das Rauchen abgewöhnen. Deshalb habe ich mir gar keine Zigaretten mehr eingesteckt. Aber jetzt halt ichs nicht mehr aus. Kannst du mir schnell eine geben? Ich geh nachher zum Automaten.« So oder ähnlich werden nahezu alle Schnorrer-Attacken eingeleitet. Es ist im Grunde ganz gleichgültig, ob es sich um Zigaretten, ein Kaffeepäckchen für die Frühstückspause, um den Bleistift, einen Taschenrechner oder eine Computersoftware handelt.

Schlimmer noch als die Kleinteil-Schnorrer sind die Know-how-Schnorrer. »Kannst du mir sagen, wo …?« oder »Wie ging das doch gleich?« sind die Floskeln, mit denen gewöhnlich die schamlose Ausbeutung Ihrer Kenntnisse eingeleitet wird. Nichts ist dagegen zu sagen, dass man kollegiale Hilfe leistet. Im Gegenteil: Ein Team funktioniert nur, wenn nicht einzelne oder bestimmte Gruppen ihre Fachkenntnisse und das Betriebswissen als Herrschaftswissen instrumentalisieren, sondern andere daran teilhaben lassen. Aber dieser Know-how-Transfer muss schon auf Gegenseitigkeit beruhen.

Am schlimmsten sind jedoch die Zeit-Schnorrer. »Kannst du den Nachtdienst nächste Woche für mich übernehmen?« oder »Können wir nicht eine Fahrgemeinschaft bilden? Du kommst doch sowieso jeden Morgen in der Nähe vorbei, da könntest du doch diesen kleinen Umweg in Kauf nehmen« – das sind die Brechstangen, die leicht zu erkennen sind. Tückischer ist es, wenn der Schnorrer unter der Maske chinesischer Höflichkeit dezent mit den Essstäbchen klappert: »Sei so gut und schau da mal drüber. Mir liegt sehr viel an deinem Urteil!« Das ist eine bei Zeit-Schnorrern beliebte Methode, sich die Mühe zu ersparen, ein Projektpapier selbst zu korrigieren oder von der Entwurfs- in die Reinschriftfassung zu bringen. Oft ist der Schnorrer nur schwer vom Hilfe Suchenden zu unterscheiden. Der Unterschied liegt aber gerade darin, dass der Schnorrer sich ständig bedienen möchte und selbst nichts zu bieten hat oder zu geben bereit ist. In diesem Falle hilft nichts anderes, als ihm irgendwann – im übertragenen Sinne – eine Rechnung auf den Tisch zu legen. Sie sollten recht bald in aller Freundlichkeit eine Grenze ziehen, sonst werden Sie erleben, dass der Schnorrer mehr und mehr von Ihrer Zeit usurpiert. Erinnern Sie sich an den Witz mit dem Schnorrer, der sich den dritten Tag morgens im Tabakgeschäft eine Zigarre schenken lässt? »Warum sollte ich Ihnen eine Zigarre schenken?« fragt ihn schließlich der Händler. »Ganz einfach«, erwidert der Schnorrer, »weil ich derjenige bin, dem Sie jeden Morgen eine Zigarre schenken.«

Tipp Lassen Sie keinen Schnorrer an Ihre Dateien oder an Ihre Software! Besonders bei der Software ist höchste Vorsicht geboten. »Ich habe schon fast wieder alles vergessen, was ich in der EDV-Schulung gelernt habe. Kann ich mir das Programm nicht mal zum Üben überspielen«, ist ein häufiger Einleitungssatz für eine solche Schnorr-Attacke. Was Ihnen blüht, wenn ein anderer Ihre Software missbräuchlich verwendet, können Sie in Ihrem Lizenzierungsvertrag nachlesen.

Der Überarbeitete?
Immer im Stress

Manche Menschen brauchen die regelmäßige Ausschüttung von Stresshormonen, um produktiv zu bleiben. Dagegen ist an sich gar nichts zu sagen. Nur leider setzen sie nicht nur sich selbst unter Stress, sondern auch die anderen Kollegen in ihrer Umgebung. Und bei denen wirkt sich der Stress meistens alles andere als produktiv aus.

Der Überarbeitete kommt einfach vor lauter Arbeit nicht mehr dazu, seinen Schreibtisch aufzuräumen. Und so entwickelt sich bereits die Suche nach einer Telefonnummer zu einem zeit- und nervenraubenden Kraftakt.

Fallbeispiel: Andreas T. ist Kameramann. Bei Industriefilm und Werbung ist er sehr gefragt, nur leider völlig unorganisiert. Immer, wenn man ihn erwischte, war er auf dem Sprung zum nächsten Dreh. Ein Regisseur, mit dem er demnächst wieder ein Team bilden würde, hatte bereits dreimal angerufen und eine Telefonnummer hinterlassen. Nur war es Andreas T. gelungen, sie regelmäßig so gründlich zu verlegen, dass sie unauffindbar blieb. Als sein Kollege zum vierten Mal anrief und seine Nummer hinterlassen wollte, hörte er am Schnaufen und Rascheln, dass Andreas T. auf seinem Schreibtisch hektisch nach einem Zettel suchte. »Suchen Sie jetzt einen Zettel, um sich meine Telefonnummer aufzuschreiben?«, fragte der Regisseur. »Ja. Woher wissen Sie das?«, fragte Andreas T. Ohne auf die Gegenfrage einzugehen, erwiderte der Regisseur: »Tun Sie's nicht. Nehmen Sie einen Edding und schreiben Sie sich die Nummer an die Tapete.«

Nicht immer leidet der Überarbeitete an einem Übermaß an Arbeit. Oft leidet er an einem Mangel an Zuwendung. Ihn in Ruhe vor sich hin wurschteln zu lassen ist vielleicht gerade nicht das erklärte Ziel seiner Selbstdarstellung. Vielmehr wünscht er sich, dass Sie mal zu ihm reinschauen und ihm Ihr Mitgefühl aussprechen. Die vorgeführte Überarbeitung ist also oftmals ein Hilferuf. Er braucht jetzt einfach seine *strokes*. Geben Sie sie ihm.

Und wenn er wirklich überarbeitet ist? Dann sollten Sie erst recht nachschauen, was da vor sich geht. Es kann nicht im Sinne des Teams sein, wenn der eine auf dem Zahnfleisch geht, während die anderen den lieben Gott einen guten Mann sein lassen. Entweder ist Ihr überarbeiteter Kollege das Opfer falscher Arbeitsorganisation, oder er kommt aus persönlichen Gründen mit seiner Arbeitsmenge nicht zurecht. Steht ihm nur mal phasenweise das Wasser bis zum Hals? Dann hilft es ihm vielleicht schon, wenn Sie mal für eine Weile alle Telefonate von ihm fern halten. Ist er chronisch überarbeitet? Dann hat er möglicherweise Probleme, sich zu seiner Arbeit, vor allem aber zu Ihnen und zu den anderen Kollegen, »erwachsen« zu verhalten. Fordert verdeckt sein Kindheits-Ich Zuwendung, während er auf der erwachsenen Ebene ganz vernünftig über die Verteilung des Arbeitspensums spricht? Können Sie ihn bremsen? Unter Umständen ja, wenn Sie ihm klar machen, dass er o.k. ist und hier nichts beweisen muss. Oder ist er vielleicht ein Workaholic?

Der Workaholic?
Beschleunigte Wahrnehmung

Workaholics sagt man nach, dass sie sich nur deshalb so stark ins Zeug legen, um beim Chef gut angeschrieben zu sein und Karriere zu machen. Nun findet man Workaholics aber auch – und keineswegs seltener – in Querschnittabteilungen (z.B. Presse, Öffentlichkeitsarbeit, Dokumentation, EDV-Support), die außerhalb der Hierarchie stehen und überhaupt keinen Karriereweg nach oben eröffnen.

Echte Workaholics arbeiten sich nicht der Karriere wegen kaputt, sondern weil sie leben, um zu arbeiten. Sie leiden hinsichtlich der Arbeitsintensität und des Arbeitstempos unter einer stark beschleunigten Wahrnehmung, die sich zur Wahrnehmung ihrer »normalen« Kollegen etwa so verhält wie der Schnitt eines modernen Videoclips zum Schnitt eines Sissy-Films aus den 50er Jahren.

Workaholics haben vor allem zwei Probleme, die ihnen zu schaffen machen. Zum einen arbeiten sie, da sie sehr viel Wert auf Perfektion im Detail legen, nur selten effektiv und leiden natürlich unter dieser mangelnden Effektivität; die Schere zwischen eingesetzter Arbeitsleistungen und Effizienz verstärkt sich, je leidenschaftlicher sich der Workaholic in seine Arbeit kniet. Zum anderen betrachtet er seine Kollegen, die vielleicht weniger hart und lange, dafür aber effizienter arbeiten als er, als notorische Faulpelze und Bummelanten. Und mit denen kann er nur schwer auskommen, auf die reagiert er sogar manchmal äußerst gereizt.

> **Tipp** Wenn Sie Kollege eines solchen Workaholics werden, versuchen Sie seine Aufmerksamkeit von Arbeitsweise und -stil weg auf die Arbeitsresultate zu lenken. Bringen Sie zum Ausdruck, wie sehr Sie seinen außerordentlichen Arbeitseifer bewundern und wie viel mehr Sie bewundern, dass er auch mit schwierigen Kollegen, deren Arbeitsstil sich so gänzlich von dem seinen unterscheidet, so hervorragend auskommt. Selbst wenn er mit ihnen überhaupt nicht auskommt, wird ihm Ihr Lob vielleicht als eine berufliche Herausforderung erscheinen. Und dieser können Workaholics nur selten widerstehen.

Es ist kaum möglich, einem Workaholic seine Arbeitssucht auszureden – umso weniger, als Urlaubs- und Freizeitverzicht in bestimmten Branchen zum guten Ton gehören und unbezahlte Überstunden Ehrensache sind. Außerdem können Sie davon ausgehen, dass es schon andere versucht (und nicht geschafft) haben. Und letzlich: Sie sind sein Kollege, nicht sein Therapeut.

Die Nervensäge?
Immer im falschen Moment

Wenn Sie einmal in der Woche einen Anruf von Ihrer Schwiegermutter kriegen und ein wirklich kompliziertes Gespräch durchzustehen haben, steht sie in der Tür. Wenn Sie in einer kurzen Verhandlungspause das Angebot des britischen Lizenzgebers für ein Millionengeschäft durchgehen, kommt sie mit einer Sammelliste und treibt Geld für das Sommerfest ein. Die Nervensäge kommt nicht nur immer im falschen Moment, sie hat auch kein Gespür dafür, dass es der falsche Moment sein könnte.

Die Nervensäge kommt Ihnen auch witzig, wenn Ihnen gar nicht nach Witzen zumute ist. Wenn Sie gerade mit einem ernsthaften Problem befasst sind und vielleicht die Stirn kraus ziehen, glaubt sie, Sie aufheitern zu müssen. Meistens erreicht sie damit das glatte Gegenteil, nämlich Nervenflattern und eine pampige Bemerkung. Die Nervensäge zieht dann weiter, zur nächsten Kollegin oder zum nächsten Kollegen, und beklagt sich über die unkollegiale Art, die Sie ihr haben zuteil werden lassen.

Dagegen ist kaum ein Kraut gewachsen. Versuchen Sie ruhig zu bleiben und der Nervensäge freundlich zu sagen, was Sie an ihr stört. Wenn das nicht fruchtet, was in der Mehrzahl der Fälle so ist, müssen Ihre Worte deutlicher sein. Bedeuten Sie der Nervensäge entschieden und konkret, in welchen Situationen ihre Gegenwart nervt. Sachlichkeit ist das erste Gebot. Lassen Sie sich also nicht zu einer emotionalen, möglicherweise überhitzten Reaktion hinreißen.

Die Klette?
Unerwünschte Anhänglichkeit

Sie ist nicht Ihre beste Freundin, aber sie folgt Ihnen dennoch bis aufs Klo? Sie wünschen sich alles andere, als ausgerechnet mit ihm am Biertisch über Politik zu klönen, aber dennoch lädt er Sie so nachdrücklich ein, dass Sie sich selbst mit dem Bemerken, dass Sie grundsätzlich nur Kaffee trinken, der Einladung nicht entziehen können?

Wer es im Job mit der Klette zu tun hat, kennt solche Situationen. Sie kommen morgens an Ihren Arbeitsplatz, wollen gerade die Kaffeemaschine anwerfen, schon steht die Klette neben Ihnen. Erzählt etwas. Und geht nicht weg.

Dass sich Kollegen, die den ganzen Arbeitstag zusammen verbringen, mehr zu sagen haben als Guten Tag und Auf Wiedersehen, ist an sich ganz in Ordnung. Aber muss man einander so dicht auf die Pelle rücken?

Die Wahrung der Intimsphäre ist ein grundsätzliches Gebot des Anstands. Die Intimsphäre hat aber nicht nur eine räumliche, sondern auch eine zeitliche Dimension. Nicht nur der Raum um mich herum, auch meine Zeit gehört mir. So wie ich es nicht mag, wenn mir jemand mit dem Finger auf der Brust herumstochert, so möchte ich auch nicht, dass mir ein anderer in meine Zeit hineinpfuscht.

Wenn nichts anderes hilft, machen Sie Ihrer Klette unmissverständlich klar, dass ihr hartnäckiges Verweilen in Ihrer Nähe einen Eingriff in Ihre temporale Intimsphäre darstellt.

Der Angepasste?
Diplomatie nach allen Seiten

Es gibt berufliche Situationen, von denen man von vornherein weiß, dass man sich ihnen nur vorübergehend aussetzt. Wie lang dieser Zeitraum bemessen wird, mag bei jedem Einzelnen unterschiedlich sein, gemeinsam ist allen Betroffenen jedoch, dass sie sich weder auf die positiven noch auf die negativen Eigenarten ihrer Kollegen besonders tief einlassen.

Wer mit dieser Grundeinstellung seinen Job erledigt, kann zwar ordentlich arbeiten, vielleicht sogar besser als mancher andere, der durch Machtkämpfe, Krieg im Büro, Intrigen und Karrieredruck ständig von der Arbeit abgehalten wird. Aber er wird verständlicherweise keine besondere Neigung verspüren, sich im Team besonders stark zu engagieren.

Die Angepassten stehen immer im Ruf, Opportunisten zu sein. Je länger der »vorübergehende Zeitraum« dauert, desto mehr nehmen sie eine Art geistiger Stromlinienform an, um dem Wind, der auch ihnen gelegentlich ins Gesicht bläst, möglichst wenig Angriffsfläche zu bieten.

Wenn Sie das Gefühl haben, diese geistige Stromlinienform sei der vorherrschende Geist im Team oder im Unternehmen, weil er von der Geschäftsleitung vielleicht sogar gefördert wird, wenn also die Mehrzahl Ihrer Kollegen so wirkt, als wären sie nur auf der Durchreise, aber im Transitraum irgendwie hängen geblieben, dann ist es Zeit für Sie, darüber nachzudenken, ob Sie auch so werden sollen oder ob Sie vielleicht das Unternehmen wechseln sollten.

Der Platzhirsch?
Wo die Grenzen sind

Der Platzhirsch fällt im Berufsalltag nicht unbedingt durch lautes Röhren auf, sondern kann ganz geruhsam und bescheiden vor sich hin arbeiten, bis … ja, bis man – selten absichtsvoll, häufiger unabsichtlich – seine Reviergrenzen verletzt.

Es gibt viele verschiedene Arten, sein Revier zu markieren. Zu den schlichten und gegenständlichen gehört das Aufhängen von Kinderzeichnungen oder die Aufstellung von Familienbildern am Arbeitsplatz. *Achtung! Privatsphäre!* wollen uns diese Bildchen sagen. Solche Zeichen sind leicht zu erkennen und es fällt in der Regel auch nicht schwer, sie zu akzeptieren.

Wenn Sie aber von einem Kollegen den Satz hören: »Das haben wir hier schon immer so gemacht!«, dann wissen Sie, dass der Platzhirsch auf der Waldwiese erschienen ist.

Der Platzhirsch glaubt fest daran, dass es außer Siegen oder Untergehen keine Alternative gibt. Deshalb senkt er sofort drohend das Geweih, wenn er irgendwo einen Angriff vermutet, um den Rivalen ins Unterholz zurück zu jagen. Irgend etwas ist in seinem Hirnstamm sehr präsent, was sehr weit in die Stammesgeschichte zurückreicht.

Der Platzhirsch ist hart im Nehmen und hart im Austeilen, und er ist auch noch stolz darauf. Besonders stolz ist er darauf, dass niemand seine Angst bemerkt – die Angst, jemand könnte ihm Kompetenz, Arbeit und am Ende sogar den Job nehmen. Unter Teamarbeit versteht er, den anderen im Team seinen Willen aufzuzwingen, zumindest aber, sich keinen fremden Willen aufzwingen zu lassen. Platzhirsche führen sich nicht immer wie Tyrannen auf. Im Einstecken wirken sie eher wie sture Esel und ihre Art auszuteilen erinnert mehr an unerwartete Schlangenbisse als an das Revierverhalten brunftiger Hirsche.

Eine ganze Palette typischer Platzhirsch-Verhaltensmuster begegnet Ihnen auch im alltäglichen Kompetenzgerangel (siehe Abschnitt »*Können Sie das denn?*« ab Seite 64). Auch hier regiert meist die Angst, die Reviergrenzen könnten verletzt, Zuständigkeiten beschnitten werden.

Einen sicheren Weg über die Waldwiese gibt es nur, wenn Sie dem Platzhirsch die Angst nehmen, die ihn zu seinem Verhalten antreibt. Wenn Sie ihm klarmachen, dass Sie, um im Bilde zu bleiben, ein Rehlein sind, das gar nicht die Absicht hat, in der Kategorie Hirsch gegen ihn anzutreten, wird sich das Zusammenleben und -arbeiten entspannter gestalten. Und wenn Sie überdies den Eindruck vermitteln können, dass Sie seine Kompetenz nicht nur nicht anzweifeln, sondern seine Kenntnisse und Erfahrungen schätzen, wird der Platzhirsch auch wieder teamfähig und zu einem ganz normalen (vielleicht sogar netten) Kollegen.

Tipp	Vermeiden Sie es, sich sofort beim Chef über den Platzhirsch zu beschweren. Abgesehen davon, dass Ihnen der Weg über die Waldwiese dann für immer versperrt sein dürfte: Chefs verlassen sich oft auf ihre altgedienten Platzhirsche wie das Offizierskorps auf die Unteroffiziere. Und: Nichts lieben Chefs weniger, als in Mitarbeiterquerelen den Richter spielen zu müssen.

Der Besserwisser?

Was immer Sie sagen ...

Was immer Sie sagen, er weiß es besser. Was immer Sie tun, er kommentiert es. Er hat das Pulver erfunden und das Rad, er hat alle einschlägigen Fachbeiträge gelesen und kann daher überall mitreden. Er empfiehlt Ihnen, welchen Bestseller Sie lesen müssen, er weiß um die billigsten Sonderangebote und kennt die verträumtesten Urlaubsparadiese. Er verfolgt die News per TV und Internet und ist immer bestens informiert. Er war schon wach, als alle anderen noch schliefen. Sie kennen ihn? Er hat einen Namen?

Fast jeder hat ihn im Laufe seines Berufslebens schon einmal kennen gelernt. Gott weiß alles, aber er weiß alles besser.

Sie ahnen es: Es ist das alte Kinderspiel »Meins ist besser als deins«, das sein Kindheits-Ich mit Ihnen zu spielen gedenkt. Das Dilemma ist nur, dass man sich der Flut der über einen hereinbrechenden News kaum entziehen kann. Das ist wie eine Dauerfernsehsendung mit dem Titel *Sie fragen nicht, wir antworten trotzdem*.

In diesem absurden Titel liegt zugleich die Lösung für das Dilemma: Wenn er immer ungefragt antwortet, dann fragen Sie ihn doch was! Wenn er immer alles besser weiß, wären Sie doch schön blöd, wenn Sie von diesem Wissen nicht profitierten. Zwingen Sie ihm ein Erwachsenengespräch auf. Nehmen Sie ihn beim Wort und machen Sie ihm klar, dass Sie nun auf seinen Rat und auf seine Verantwortung handeln. Machen Sie ihn verantwortlich für das, was er von sich gibt.

Die Petze?
Chef hört mit

Manchmal spricht man mit Kollegen über seinen Chef – und nicht nur in den schmeichelhaftesten Formulierungen. Das geschieht in jedem Unternehmen und in jedem Team und ist auch völlig normal. Schließlich gehören ja auch die Chefs zum Unternehmen. Oder zum Team. Irgendwie. Aber in sehr vielen Fällen sitzt auch jemand dabei, der brühwarm dem Chef hinterbringt, was man über ihn so spricht. Und nicht nur über ihn. Und vor allem: wer spricht.

Fallbeispiel: Ein LKW-Fahrer hatte gegenüber einem Kollegen – der in diesem Falle sogar Betriebsratsmitglied war – geäußert, gewisse Vorgesetzte betrieben im Unternehmen schwarz Nebengeschäfte auf eigene Rechnung. Diese Äußerung wurde der Geschäftsleitung hinterbracht. Dem Fahrer wurde, weil er trotz Abmahnung bei seinen Vorwürfen blieb, gekündigt.
Vor dem Landesarbeitsgericht Köln strengte er eine Kündigungsschutzklage an und hatte damit Erfolg. Nach Auffassung des Gerichts darf ein Arbeitnehmer grundsätzlich darauf vertrauen, dass seine Gespräche mit einem Kollegen – und erst recht mit einem Betriebsratsmitglied – vertraulich bleiben und nicht ohne seinen ausdrücklichen Auftrag weitergeleitet werden. Eine so genannte verhaltensbedingte Kündigung ist selbst dann nicht zu rechtfertigen, wenn die Äußerungen über Vorgesetzte unwahr oder ehrenrührig sind, sofern sie lediglich im Kollegenkreis und in der sicheren Erwartung erfolgen, dass sie nicht über den Kreis der Gesprächsteilnehmer hinausdringen (LAG Köln vom 16.01.1998; 11 Sa 146/97).

Im Einzelfall sollte man darauf jedoch nicht bauen und dem Mundwerk freien Lauf lassen, selbst wenn man Sie dazu provoziert (vgl. dazu »*Erzählen Sie doch mal*« ab Seite 63). Es sei denn, Sie hätten Lust, ein Arbeitsrechtsverfahren durch wenigstens zwei Instanzen zu führen, dessen Ausgang – weil jeder Einzelfall unterschiedlich bewertet wird – letztendlich ungewiss ist.

> **Tipp** Üben Sie äußerste Zurückhaltung in Werturteilen, nicht nur, wenn sie die Vorgesetzten direkt betreffen, sondern auch, wenn sie sich auf Arbeitsabläufe, Gewohnheitsrechte oder Karrieren beziehen. Sie verlieren unter Umständen auf Dauer den Rückhalt im Team und werden als Besserwisser oder Schwätzer abgestempelt.
> Sprechen Sie, wenn Sie es nicht lassen können, grundsätzlich über den Chef nur mit Vertrauten und niemals in geselliger Runde.

Einer für alle, alle für einen

»Kannst du, äh, könnten Sie bitte ...«
Intimität und Distanz

Fallbeispiel: Bei einem Betriebsfest waren alle in weinseliger Stimmung gewesen. Auch Sabine. Als Lars ihr zu vorgerückter Stunde das Du anbot, wollte sie keine Spielverderberin sein. Schließlich haben alle, die am Tisch saßen, miteinander Brüderschaft getrunken. Zum Beginn der neuen Arbeitswoche behielt Lars das Du aber bei. Und Sabine bemerkte, dass ihr das in der nüchternen Atmosphäre des Arbeitsalltags eigentlich gar nicht recht war. Sie wollte zum Sie zurück; gleichzeitig wollte sie ihren Kollegen Lars aber auch nicht verletzen.

Der allgemeine Verbrüderungsumtrunk kommt ziemlich häufig vor. Oft gilt die stillschweigende Vereinbarung, das vertrauliche »Du« nur während der feuchtfröhlichen Feier selbst gelten zu lassen. Dieses Verfahren hat, nebenbei bemerkt, für Vielfeierer den Vorteil, dass sie sich jedes Mal von neuem mit den gleichen Kollegen verbrüdern können. Wenn Sie aber feststellen, dass in Ihrem konkreten Fall die stillschweigende Vereinbarung nicht besteht oder dass sie von einigen nicht eingehalten wird, haben Sie ein Problem. Es ist das grundsätzliche Problem von Intimität und Distanz, für die das Du und das Sie nur ein sprachlicher Ausdruck ist.

An fünf Tagen der Woche verbringen Sie mehr Zeit mit Ihren Arbeitskollegen als mit Ihrem Lebenspartner oder mit Ihrer Familie. Es lässt sich kaum vermeiden, dass man einander unter diesen Umständen recht gut kennen lernt. Und es kann dem Klima nur dienlich sein, wenn man sich so gut versteht, dass man die berufsbedingte Nähe auch aushalten kann. In Teams von (beinahe) Gleichaltrigen mit vergleichbaren Ausbildungswegen und ähnlichen Wertorientierungen entsteht oftmals spontan eine Du-Atmosphäre. In einer solchen Atmosphäre auf dem Sie zu bestehen, führt möglicherweise rasch ins Abseits. Neu hinzukommenden Mitarbeitern wird nach einer gewissen Einarbeitungszeit in der Regel das Du angeboten – meist im Namen des gesamten Teams. Ein solches Du-Angebot ist, selbst mit sachlichen Gründen, nur schwer abzulehnen.

Nahezu unmöglich ist es, das Sie zu behaupten, wenn das Du als Herrschaftsinstrument gebraucht wird, weil beispielsweise auf einer bestimmten Hierarchieebene, zu der man gehört, das Du quasi vorgeschrieben ist.

Ist es nur ein Einzelner, der sich im Verfolg einer alkoholischen Lustbarkeit das Du weiter herausnimmt, sollte man das persönliche Gespräch suchen, um in aller Kollegialität den Status quo wieder herzustellen.

> **Tipp** Suchen Sie das Gespräch unter vier Augen. Vermeiden Sie es, Ihren Kollegen vor anderen zu kompromittieren. Stellen Sie ihm dar, dass für Sie das Du ein Höchstmaß an Vertraulichkeit bedeutet, die zwischen Ihnen nicht gegeben ist. Tun Sie es umgehend, damit sich der andere nicht bereits an einen Zustand gewöhnt hat, der dann plötzlich wieder aufgehoben wird.

Das Weiße im Auge des Kollegen
Verletzte Intimzone

Sie tritt ganz dicht an Sie heran, fixiert Sie mit einem stechenden Blick. Und damit nicht genug: Sie spricht auch mit lauter, fast schriller Stimme auf Sie ein und sticht Ihnen beim Sprechen mit dem Zeigefinger gegen die Schulter.

Fallbeispiel: Als Assistentin des Abteilungsleiters war Gerda nicht nur neu im Team, auch ihre Stelle selbst war neu. »Von den übrigen Kolleginnen wurde ich als Fremdkörper empfunden. Einige meinten sogar, dass ich eigentlich gar nicht dazu gehören könnte. Sie sahen in mir einen Feldwebel, der die Befehle des Chefs an sie weiterzugeben hat.« Immer wieder war Gerda den Attacken einer Kollegin ausgesetzt, die sie als körperlich bedrohlich empfand.
Den Versuchen, sich durch Ausweichen dem Angriff auf ihre Intimsphäre zu entziehen, waren durch die Enge des Büros natürliche Grenzen gesetzt. Auch die wiederholten Bitten, doch nicht so auf sie einzudringen, beantwortete die Kollegin nur mit einem »Stellen Sie sich nicht so an!« oder »Seien Sie doch nicht so empfindlich!«.
Gerda löste das Problem, indem sie nicht mehr zurückwich und sich nicht mehr klein machte, wenn die Kollegin zu ihr ins Büro stürmte, sondern im Gegenteil sofort aufstand. Den Nachteil an Körpergröße machte sie durch höhere Absätze und Schulterpolster wett, die im Übrigen auch die Zeigefingerattacken elastisch abprallen ließen. Sodann schaffte sie sich durch weit ausholende Gesten Raum, nahm dabei bewusst in Kauf, der Kollegin, die auf sie eindrang, »versehentlich« eine

zu wischen, und ging ihrerseits zum Angriff über, indem sie dicht an die Aggressorin herantrat. Ihr Ziel erreichte sie schließlich, als sie dem Angriff ihrer Kollegin mit einem Stapel Aktenordner entgegentrat, den sie ihr in die Arme packte: »Wenn Sie mich schon bei der Arbeit stören, können Sie mir gleich mal helfen – das muss hoch in die Projektablage. Auf gehts!«
Die Kollegin trabte wütend, aber folgsam hinter Gerda her. Damit waren zwar nicht alle Probleme der Zusammenarbeit gelöst, aber die Integrität der Intimzone war wieder hergestellt.

Der engere Bereich der *Intimzone* sollte immer ein geschützter Bereich sein. Konkret bedeutet das: Ohne Ihre Erlaubnis oder Einladung hat niemand näher als auf Armlänge an Sie heranzutreten, Sie zu duzen oder anzuschreien. Und an Ihrem Schreibtisch, auf Ihrem Stuhl, an Ihren Schubfächern und Dateien hat niemand außer Ihnen etwas zu suchen. (In vielen Unternehmen steht das übrigens in der Arbeitsordnung, und Zuwiderhandlungen werden abgemahnt.)

Nächst der Intimzone umringt Sie eine elastische *Pufferzone*, innerhalb derer Angriffe abgefangen und das Schild »Achtung! Grenze!« aufgebaut wird. In der Pufferzone empfangen wir die deutlichsten Hinweise darauf, wie der andere gelaunt ist, wie weit wir gehen dürfen und ob uns der Eintritt in die Intimzone gestattet wird. Dafür sind nicht nur körpersprachliche Signale ausschlaggebend, sondern zum Beispiel auch Begrüßungsrituale (vom Kopfnicken über den Handschlag bis zum Anbieten des eigenen Stuhles). Außerhalb der Pufferzone liegt die Kontaktzone, gewissermaßen Ihre Lobby, in der jedermann mit Ihnen kommunizieren kann, in der Sie anderen begegnen, Bindungen eingehen oder abbrechen, Abmachungen treffen, wo der Besucherstuhl steht und in der die normale Zimmerlautstärke der Rede das gegebene Kommunikationsmittel ist.

»Erzählen Sie doch mal!«
Provozierte Gesprächigkeit

Neue Mitarbeiter werden in der Regel getestet, ob sie überhaupt zum Kollegen taugen. »Erzählen Sie doch mal, wie es so zuging, als Sie mit dem Chef auf Dienstreise waren!« Wenn Sie jetzt freimütig drauflos plaudern und sich von Zwischenfragen – »Was sagen Sie denn dazu?« oder »Wie beurteilen Sie das?« oder »Wie hätten Sie an seiner Stelle entschieden?« – zu ausführlichen Wertungen hinreißen lassen, lehnen Sie sich auf die eine oder andere Weise weit aus dem Fenster. Entweder weichen Ihre Beurteilungen von der Sichtweise des Chefs ab, dann können Sie sicher sein, dass sich jemand findet, der dem Chef hinterträgt, wie Sie »hinter seinem Rücken« über ihn reden. Oder Ihre Beurteilungen stimmen mit dem Chef weitgehend überein, dann wird man möglicherweise – und zwar hinter *Ihrem* Rücken – munkeln, dass Sie ein Speichellecker sind.

> **Tipp** Enthalten Sie sich in allen Fällen, wo man Sie hinsichtlich der Vorgesetzten, der Firmenstrategie, der Etats oder konkreter Leitungsentscheidungen, aber auch in Bezug auf andere Kollegen mit einer Meinungsäußerung aus der Reserve locken will, nach Möglichkeit jeder Wertung, die Sie in irgendeiner Weise bindet.

»Können Sie das denn?«
Kompetenzgerangel

Immer wenn ein Unternehmen wirtschaftlich gestrafft wird und Stellenabbau droht, werden die Revierkämpfe (siehe Abschnitt *Der Platzhirsch* ab Seite 54) am Arbeitsplatz zu echten Existenzkämpfen. Man wird Sie unter Umständen erst an die Peripherie drängen und schließlich Ihre Kernkompetenz in Ihrem eigentlichen Aufgabengebiet anzweifeln. Dem entgehen Sie nicht, indem Sie es mit anderen Kollegen ebenso machen. Im Gegenteil: Beantworten Sie die Frage »Können Sie das denn?« damit, dass Sie die anderen von dem, was Sie am besten können, teilhaben lassen. Versuchen Sie zugleich, Ihre Zusatzqualifikationen systematisch zu erweitern. Sorgen Sie dafür, dass sich Ihre Zusatzqualifikationen auch in Ihrer Stellenbeschreibung niederschlagen. Das ist besonders in Positionen des mittleren Managements von zunehmender Bedeutung. Wird in einem Arbeitsvertrag der Tätigkeitsbereich eines Arbeitnehmers nämlich sehr eng umschrieben, kann sich dies im Fall einer Kündigung für ihn ungünstig auswirken. Fällt nämlich die konkret beschriebene Arbeit im Betrieb weg, so kann der Arbeitgeber eine Kündigung aussprechen, ohne eine Sozialauswahl unter mehreren Arbeitnehmern mit vergleichbaren Tätigkeiten vornehmen zu müssen. (Urteil des BAG; 2 AZR 725/97)

Tipp	Zeigen Sie sich immer kooperativ – auch wenn's mal schwer fällt und auch, wenn Sie mit Kollegen zusammenarbeiten müssen, die Ihnen schon mal in die Waden gebissen haben (siehe auch Abschnitt *Führen, ohne Chef zu sein* ab S. 113). Seien Sie kein Fachidiot. Versuchen Sie, von Ihren Kollegen so viel wie möglich zu lernen. Beweisen Sie soziale Kompetenz, indem Sie sich aus dem Kompetenzgerangel heraushalten. Im Zweifel werden die Vorsetzten sich eher auf kooperative und teamfähige Mitarbeiter stützen als auf ehrgeizige Egoisten, deren Streitigkeiten sie andauernd schlichten müssen.

»Tür zu!«
Verfehlter Arbeitsstil

Sehr häufig kommt es zu Unstimmigkeiten, weil Neueinsteiger den Arbeitsstil eines eingespielten Teams um Nuancen verfehlen.

So kann es sein, dass es zu den Gepflogenheiten des Teams gehört, die Bürotüren zum Flur grundsätzlich offen stehen zu lassen. Es würde höchstwahrscheinlich nicht gut ankommen, wenn Sie Ihre Tür demonstrativ schließen.

Es kann aber sein, dass Sie Ihre Tür offen lassen, aber während Sie gerade ein wichtiges Telefonat führen, einer Ihrer neuen Kollegen die Tür vom Flur her schließt. »Was ist denn jetzt los?« denken Sie nun.

Wahrscheinlich haben Sie versäumt, sich in die geheimen Riten von Intimität und Öffentlichkeit einweihen zu lassen. In manchen Büros ist es üblich, bei wichtigen Telefongesprächen – also solchen, die nicht mit der täglichen Arbeitsroutine zu tun haben wie z. B. die Frage an die Zentrale, ob die Post schon da war – grundsätzlich die Tür zum Flur oder zu anderen Büros zu schließen. Man tut das nicht, weil man etwa ein Privatgespräch führt oder der Personalchef eines anderen Unternehmens, bei dem man sich beworben hat, gerade zurückruft (dann tut man es zwar auch; aber solche Gespräche sollte man tunlichst nicht über die Telefonanlage des eigenen Unternehmens abwickeln), sondern aus der Erwägung grundsätzlicher Höflichkeit gegenüber dem Anrufer oder dem Angerufenen.

Genauso wie es zu den ganz großen Taktlosigkeiten gehört, während eines Telefonats den Lautsprecher anzustellen und andere mithören zu lassen, ohne den Gesprächspartner davon in Kenntnis zu setzen, ist es schon eine Verletzung der telekommunikativen Intimsphäre, andere auch nur an der Hälfte – an Ihrer Hälfte – teilhaben zu lassen. Der Anrufer oder der Angerufene geht davon aus, allein mit Ihnen zu sprechen – und nicht mit dem gesamten Büro. Rücksichtslos gegen Ihre Kollegen ist es, wenn Sie den Lautsprecher des Telefons laut aufdrehen, um sich, während der Anrufer spricht, noch mit anderen Dingen beschäftigen zu können.

Möglicherweise ist es auch üblich, Besucher, etwa Kollegen aus anderen Abteilungen, mit denen Sie ein spezielles Problem zu lösen haben, vor der alltäglichen Routine Ihres Büros abzuschirmen. Auch in diesem Fall sollte die Tür geschlossen oder gleich ein Besprechungsraum aufgesucht werden.

Ein Küsschen in Ehren
Liebe im Büro

Mit den Kollegen verbringen wir acht bis zehn Stunden des Tages; rechnet man gemeinsame Fahrten in öffentlichen Verkehrsmitteln oder in Fahrgemeinschaften dazu, sind wir mit manchen noch länger zusammen. Für die eigene Familie oder den Partner bleiben kaum mehr als eine Stunde am Morgen, in der jeder sehen muss, dass er rechtzeitig aus dem Haus kommt, und drei, vier Stunden am Abend, die im ungünstigsten Fall auch noch vom Fernsehprogramm dominiert werden. Die eigentliche Wachzeit teilen wir an fünf Tagen der Woche mit unseren Kollegen am Arbeitsplatz.

Dass man besten mit seiner Arbeit verheiratet sein sollte, ist ein Trend im Wunschdenken der Arbeitgeber, der deutlich zunimmt. Am liebsten gesehen ist der aufstiegsorientierte Single zwischen 25 und 30, kinderlos und kompatibel, der 24 Stunden am Tag zur Verfügung steht, zur Not auch noch nachts arbeiten kann – und das am besten zum halben Tariflohn. Im Verfolg dieser Personalpolitik bleibt für die Erhaltung der Art kaum ein anderer Weg als die Liebe im Büro.

»Büroromanzen können für die Beteiligten etwas Fantastisches sein«, schreibt Albert J. Bernstein (Bernstein 1990, S. 74). »Zwei Menschen, die sich lieben, können sich gegenseitig wunderbar ergänzen und unterstützen. Der eine versteht die Projekte und Probleme des anderen, bestärkt ihn in seinem Vorhaben, sich um eine Beförderung zu bemühen, regt seine Kreativität an und hört sich nach einem schweren Tag all seine Sorgen und Kümmernisse an.«

Auf der anderen Seite haben Büroaffären schon Familien und Karrieren zerstört, und was mit einem harmlosen Flirt begann, endete womöglich vor Gericht im Streit um sexuelle Belästigung. Wenn Sie es schon nicht lassen können, vermeiden Sie bitte wenigstens die folgenden Grundirrtümer:

→ Niemand merkt, dass zwischen Ihnen und dem Kollegen/der Kollegin etwas läuft.
→ Das Büro ist rosarot gestrichen worden.
→ Falls doch jemand etwas merkt, freuen sich alle anderen mit Ihnen.
→ Es ist nicht weiter schlimm, wenn wir die Mittagspause überziehen.
→ Es geht schließlich keinen etwas an.
→ Sie/Er gehört mir/zu meinem Revier.

Wenn eine Büroaffäre endet, werden die anderen das mit höchstem Genuss registrieren und belauern, wie jetzt die beiden Büro-Ex miteinander umgehen. Im Grunde gibt es für das »Danach« nur zwei Strategien. *Erstens*: Wenn Sie spüren, dass Sie in Ihrer alten Umgebung kein Bein mehr auf die Erde kriegen, treten Sie reumütig vor Ihren Vorgesetzten, lassen Sie sich versetzen oder bewerben Sie sich woanders und tun Sie es nie wieder. *Zweitens*: Wenn Sie spüren, dass Sie Ihren alten Platz behaupten können, verhalten Sie sich absolut korrekt, tragen Sie niemals Trauer oder das Gesicht der »beleidigten Leberwurst«, konzentrieren Sie sich voll auf die Arbeit und lassen Sie alle anderen erkennen, dass es nichts Wichtigeres für Sie auf der Welt gibt als zu arbeiten. Schweigen Sie über Ihre Beziehung, als hätte es sie nie gegeben und tun Sie es nie wieder.

Das eine Glas …
Alkohol am Arbeitsplatz

Wenn Sie Ihren Einstand geben oder Ihren Geburtstag im Kollegenkreis feiern wollen, erkundigen Sie sich am besten vorher, wie das üblicherweise in Ihrer Firma gemacht wird. In der Regel werden solche Feierlichkeiten nach Feierabend oder nach dem Ende der Kernzeit in Besprechungsräumen oder in der Kantine begangen.

Alkohol am Arbeitsplatz ist grundsätzlich tabu – in jeder Form und Verpackung und unabhängig von Anlass oder Vorwand. Was also gar nicht geht und schwerste arbeitsrechtliche Folgen für Sie haben kann, ist der spontane Griff nach der Flasche im Aktenschrank, um dem lieben Kollegen, der spontan gratulieren kommt, ein Gläschen einzuschenken.

Was aber, wenn die Chef Sie zu einem Gespräch bittet und Ihnen zur Auflockerung ein Gläschen anbietet? In diesem Falle gilt, was Sie in allen Ratgebern für Bewerber lesen: höflich, aber bestimmt ablehnen! Eine Ausnahme bilden lediglich Regionen wie beispielsweise Bayern, wo Bier nicht im eigentlichen Sinne als Alkohol gilt, oder klassische Weinbauregionen, wo ein Glas Wein auszuschlagen als kulturelle Barbarei bewerten werden würde.

Das dritte Problem, das entstehen kann: Was tun, wenn Sie einen Kollegen haben, der hin und wieder (oder immer öfter) zur Flasche greift?

Falsch verstandene Kollegialität ist fehl am Platze. Im Gegenteil: Nicht nur, weil Alkohol am Arbeitsplatz einen Kündigungsgrund darstellt, nicht nur, weil 25 bis 30 Prozent aller Arbeitsunfälle ursächlich mit Alkohol zusammenhängen, sondern vor allem, weil der Kollege, der an der Flasche hängt, möglicherweise nicht mehr allein von seiner Sucht loskommt.

Besonders wenn Sie dem betroffenen Kollegen auch persönlich nahe stehen, befinden Sie sich in einer Zwickmühle: Reagiert er abweisend, wenn Sie ihm seine Hilfe anbieten? Hat er Probleme? Wird es vielleicht nur noch schlimmer, wenn Sie ihn darauf ansprechen? Möglicherweise täuscht ja der Eindruck, und es ist nur vorübergehend. Vielleicht fängt er sich wieder.

Empfohlen wird in einer solchen Situation meist ein vertrauliches Vieraugengespräch, in dem Sie

→ Ihre Befürchtungen äußern;
→ Ihren Kollegen gegebenenfalls mit den Konsequenzen aus seinem arbeitsvertragswidrigen Verhalten konfrontieren;
→ gemeinsam Ziele vereinbaren und Maßnahmen – bis hin zu einer Therapie – festlegen;
→ Konsequenzen deutlich machen und
→ ein Kontrollgespräch (4–6 Wochen später) vereinbaren.

Mitleid ist hier fehl am Platz. Gerade weil es jedem einmal zustoßen könnte, reagieren die meisten Unternehmen positiver und konstruktiver auf das Eingeständnis von Suchtproblemen, als die meisten Betroffenen annehmen. Machen Sie Ihrem Kollegen Mut, den Kampf aufzunehmen.

Vor der Nase weggeschnappt
Konkurrenten um die Stelle

Sie verstehen sich mit allen Kollegen eigentlich ganz gut, aber einer ist darunter, der verhält sich Ihnen gegenüber betont reserviert. Sie gehen kollegial auf ihn zu, um ihn aus der Reserve zu locken, und erleben nur, wie er sich noch enger zuknöpft. Spätestens jetzt fragen Sie vielleicht einen anderen, was mit diesem Kollegen los ist, und erfahren: Der hat sich auch um die Stelle beworben, die Sie bekommen haben.

Ziemlich häufig ist das der Fall bei internen Ausschreibungen um eine lukrativere Position, aber auch bei Bewerbungsverfahren, in denen ein »Externer« das Rennen vor einem »Internen« gemacht hat. Eigentlich dürfte in solchen Fällen gar nicht bekannt werden, wer sich beworben hat, aber über die sicheren informellen Kanäle wird es natürlich doch bekannt.

Ein großer Unterschied ist es

→ ob sich der Kollege nur pro forma beworben hat, um seinen Marktwert zu testen oder aus sicherer Position heraus Bewerbertraining zu betreiben, oder
→ ob er ernsthaft auf Ihre Position scharf war und sich nach wie vor für den Qualifizierteren hält.

Im ersten Fall lässt sich das Verhältnis nach einer kurzen Verstimmung wahrscheinlich wieder gut einrenken; am leichtesten, indem Sie Ihrem Kollegen die problematischen Seiten Ihrer Position darstellen und durchblicken lassen, dass er es auf seinem Posten eigentlich viel besser hat.

Der zweite Fall ist komplizierter. Es kann sein, dass Ihr Kollege Sie als ernsthaftes Karrierehindernis betrachtet und sich bemüht, Sie aus dem Weg zu räumen, dass er versucht, Ihnen auf der fachlichen Ebene Fehler nachzuweisen oder gar, Sie auf der sozialen Ebene anzugreifen. Ihre Reaktionen müssen sich nach dem Grad seiner Aktionen richten. Wenn Sie in Meetings und Diskussionen feststellen, dass er das Spiel »Meins ist besser als deins« anfangen will, können Sie versuchen, diese Spielabsicht zu durchkreuzen und ihn zu einem »erwachsenen« Dialog zwingen. Je nachdem, wie ernsthaft er zum Kampf gegen Sie entschlossen ist, müssen Sie damit rechnen, dass er sich zwar für den Augenblick zurückzieht, aber nur, um an einem anderen »Tisch« ein neues Spiel zu eröffnen. Gegen die Unterminierung Ihrer Sozialkompetenz hilft nur, den anderen Kollegen deutlich zu machen, dass Sie das Spiel Ihres Rivalen nicht mitspielen werden, und stattdessen Teamgeist real zu praktizieren. Wenn sich Ihre Kollegen erst einmal genüsslich zurücklehnen und mit Ihnen und Ihrem Rivalen das Spiel »Macht den Sieger unter euch aus« spielen, werden Sie es viel schwerer haben zu bestehen.

Typen und ihre Spiele im Alltag

Wenn Sie ehrlich sind, werden Sie sich eingestehen, dass auch Sie schon mal das eine oder andere Spiel an Ihren Kollegen ausprobiert haben – aus Geltungsdrang oder aus Furcht vor Selbstoffenbarung oder einfach, um in einer Situation, in der Sie sich schlecht gefühlt haben, die nötige Zuwendung zu bekommen, damit Sie sich wieder o.k. fühlen konnten.

»Wo steht denn eigentlich …?«
Der Desorientierte

Es gibt Menschen, die sich grundsätzlich nicht merken können, in welchen der drei Küchenschubladen das Besteck, das Werkzeug und das Elektromaterial liegen und die immer erst nacheinander alle drei Schubladen aufziehen müssen, wenn sie mal eine Glühbirne suchen.

Der Orientierungslose begegnet uns auch im Berufsalltag,

→ entweder als völlig überarbeiteter Kollege, der immer im Stress ist und nichts mehr auf die Reihe kriegt. Oft spielt er das Spiel »Warum hilft mir denn keiner?« in der Variante

»Warum nicht? – Ja, aber ...« (siehe Seite 31), d. h., er lässt sich Vorschläge machen, die er der Reihe nach ablehnt, um zu beweisen, dass ihm nicht zu helfen ist (resp. dass die anderen ihm nicht helfen konnten);

→ oder als raffinierter Kollege, der das Spiel »Blöd« professionell praktiziert und sich auf diese Weise eine Nische sichert, in der er unangefochten überwintern kann, weil er alle anderen in dem Glauben lässt, er sei nicht ernst zu nehmen und mit ihm sei nicht zu rechnen.

Der Blöd-Spieler ist aus dem familiären Rollenklischee bekannt als Ehemann, der immer alle Tassen zerbricht, um zu beweisen, dass er zu blöd zum Abwaschen ist. Am Arbeitsplatz beschränkt er sich auf das Notwendigste und unterlässt alles, was ihn irgendwie vorwärts bringen könnte.

Spielt der Desorientierte das Blöd-Spiel nur zum Zeitvertreib, sollten Sie ihm die Freude gönnen. Spielt er es ernsthaft, um damit Erfolg zu haben – und Erfolg bedeutet für ihn, je weniger er lernt, desto leichter kommt er voran –, sollten Sie das Spiel verweigern: Die Unterlagen landen immer wieder auf seinem Schreibtisch, bis sie vollständig ausgefüllt sind, und die Anrufe werden drängend, wenn ein Termin überschritten wird (siehe auch Abschnitt *Der Hilfsbereite* ab Seite 27).

»Das muss ich schnell noch erzählen!«
Der Schwatzhafte

Sie wollen sich gerade wieder Ihrer Arbeit zuwenden. Da hören Sie es schon: »Das muss ich schnell noch erzählen!« Und Sie wissen, dass wieder zehn Minuten fehlen, die Sie hinten dran hängen müssen. Dabei merkt der schwatzhafte Kollege oft nicht mal, daß Sie weder Zeit noch Muße haben, um ihm zuzuhören. *Er* hat gerade nichts zu tun.

Sie müssen immer damit rechnen, dass in einem anderen Bereich gerade dann mal weniger Arbeit anliegt, wenn Ihr Terminplan besonders dicht ist. In manchen Teams hat sich in solchen Fällen eine einfache Konvention herausgebildet:

→ Tür auf – Mitarbeiter ist auch zu einem Schwätzchen bereit
→ Tür angelehnt – Mitarbeiter nur dienstlich behelligen
→ Tür zu – Mitarbeiter will nicht gestört werden.

Wenn solche Konventionen nicht bestehen oder Kollegen wirklich schwer von Begriff sind, muss man höflich aber deutlich sagen: Jetzt nicht. Bieten Sie dem Kollegen, desssen Herz so voll ist, dass ihm der Mund überläuft, doch ein Gespräch in aller Ruhe nach Feierabend an, dann werden Sie schon sehen, wie wichtig ihm das Plaudern mit Ihnen ist.

Tipp	Wenn Sie selbst bei Ihren Kollegen gut ankommen wollen, dann kommen Sie ohne Eltern und Schwiegereltern ins Büro. Private Details aus Ihrem Familienleben gehören nicht an den Arbeitsplatz, es sei denn, Sie pflegen ein freundschaftliches, quasi familiäres Verhältnis zu Ihren Kollegen.

Auch heikle Fragen, die eventuell religiöse oder politische Überzeugungen berühren könnten, sollten Sie sich verkneifen. Kinder und Haustiere sind dagegen immer ein beliebtes Plauderthema, zumindest bei Eltern und Tierhaltern: Das trägt zu Solidarisierung und Sozialisierung bei. Zwei Kolleginnen, die Kinder zu versorgen haben, werden rücksichtsvoller miteinander umgehen. Und zwei Katzenhalter erkennen im jeweils anderen immer den guten Menschen.

Kopieren will gelernt sein
Der Rücksichtslose

Man sollte meinen, kopieren könnte jeder. Man legt ein Blatt auf die Glasplatte, schließt die Klappe, drückt die Kopiertaste, dann summt es kurz, und falls das Gerät keinen Papierstau hat, kommt die Kopie Sekunden später handwarm heraus. Aber Ihnen passiert Folgendes: Sie wollen sich nur von den drei Seiten Konzept, die Sie Ihrem Chef zurückgeben müssen, schnell eine Kopie für Ihre Projektunterlagen machen, drücken auf die Kopiertaste und schon beginnt das Gerät wie verrückt loszurattern, in der unerklärten Absicht, nicht nur eine Kopie, sondern 20 Exemplare herzustellen und anschließend mit einer Heftklammer zu binden. Bevor Sie dazu kommen, den Apparat per Faustschlag auf den entsprechenden Schalter zum Aufhören zu bewegen, sind die ersten fünf Exemplare schon kopiert und geheftet.

Der Kopierer ist natürlich nur eine Metapher für weit verbreitete Gedankenlosigkeit und Unaufmerksamkeit. Man kennt dergleichen als Klischee von Beziehungsdramen oder WG-Krächen. »Du hast schon wieder die Teetassen ungespült in der

Küche stehen lassen!« Mit Sätzen wie diesen werden Ehescheidungen eingeläutet. Doch auch wo sich Menschen nicht aus freien Stücken zusammentun und wieder auseinandergehen, sondern wo Beziehungen aus betriebswirtschaftlichen und arbeitspraktischen Erfordernissen geschmiedet werden, entstehen die nämlichen Konflikte. Nur werden sie leider zu selten offen angesprochen, sondern schwelen im Untergrund und vergiften auf Dauer das Klima. Da ist die junge Kollegin, die jeden Morgen mit dem Ausruf »Mindestens Makrele!« das Büro betritt und sofort das Fenster aufreißt. Oder die Kollegin, die alle Mitarbeiter des Hauses mit »Mails an alle« zumüllt. Oder der nette Kollege, der seinen halb gegessenen Joghurt so lange im gemeinsamen Kühlschrank in der Teeküche stehen lässt, bis der Schimmel grün und blau aus dem Plastikbecher erblüht. Es sind nicht der böse Wolf und nicht der finstere Fiesling, die das anrichten. Es sind der nette Kollege und die reizende Kollegin, mit der man sich in sachlichen Fragen immer einig ist. Wenn die Atmosphäre grundsätzlich stimmt, können Sie davon ausgehen, dass alle an ihrem Erhalt interessiert sind. Darum muss nicht immer alles aus- und nicht jeder wegen einer Kleinigkeit persönlich angesprochen werden. Oft hilft schon eine Andeutung.

Das Schlimmste, was Sie tun können: die negativen Empfindungen systematisch anzusammeln. Da gammelt der Joghurt, da steht der volle Aschenbecher rum (ruhig bleiben), schon wieder Tasse nicht gespült (immer noch ruhig bleiben), letzten Zucker verbraucht (innerlich kochen) und schließlich der Gipfel: Legt der Kerl doch seine Unterlagen auf meinen Schreibtisch. »Jetzt reichts mir aber! Überall lassen Sie Ihre Plünnen rumliegen. Das lasse ich mir nicht bieten! Haben Sie keinen eigenen Schreibtisch?« Eine völlig überzogene Reaktion, findet Ihr Kollege, hat er doch nur mal kurz einen Stapel Papiere aus der Hand (auf Ihren Schreibtisch) gelegt, um schnell zum Telefon greifen zu können. »Ist doch kein Grund, hier so ein Fass aufzumachen!« Aus seiner Sicht hat er Recht, denn er kann ja nicht wissen, dass Sie schon die ganze Woche über seine Verfehlungen mental addieren.

Noch unangenehmer ist es, wenn der Ärger aus dem peripheren Bereich der Teeküche auf die Substanz der Arbeit durchschlägt: »Kannst du mir mal helfen? Ich krieg das in *Freehand* mit dem ›Gruppieren‹ nicht hin.«

»Nein, kann ich nicht!«

»Was ist dir denn für 'ne Laus über die Leber gelaufen?«

»Na, wenn du da nicht selber drauf kommst …«

Der Beginn eines wunderbaren Zerwürfnisses.

Tipp	Lassen Sie nicht zu, dass eine im Grunde intakte Atmosphäre durch schwelende Konflikte der nichtigen Art vergiftet wird. Machen Sie öffentlich, was Ihnen – und anderen – nicht gefällt. Aber machen Sie 's auf eine nette Art, die dem Betroffenen ermöglicht, ohne Gesichtsverlust sein Verhalten zu korrigieren. Sie sollen keinen Krieg gewinnen, sondern nur die rechtzeitige Entsorgung des Joghurtbechers veranlassen.

»Wessen Auto ist das?«
Der Ahnungslose

Es gibt Unternehmen mit einer strengen Parkplatzhierarchie. In anderen Unternehmen werden Parkplätze verteilt, wie der Sonnenkönig einst seine Gnadenbeweise an die Höflinge verteilte.

Wieder andere sind so progressiv, dass der Betriebsrat Frauenparkplätze durchgesetzt hat.

In allen diesen Fällen tritt immer wieder der Ahnungslose auf, der versehentlich, aus Unkenntnis, aus dringenden Gründen oder unter anderen Vorwänden sein Auto auf dem angestammten Platz eines anderen parkt. Natürlich entschuldigt er sich für diesen Lapsus, um bei nächster Gelegenheit auf einem anderen Stammplatz dasselbe Spiel zu beginnen.

Was hier abgeht, ist das klassische Schlemihl-Spiel. Die Bezeichnung geht nicht auf die Titelfigur bei Adalbert von Chamisso zurück, sondern ist die jiddische Bezeichnung für »Schlaukopf«. Das Schlemihl-Spiel hat folgende Grundstruktur:

1. Der Agierende richtet, nicht ganz absichtslos, einen Schaden an.
2. Der Reagierende, zunächst wütend über den Schaden, der für sich genommen eine Bagatelle ist, ahnt, dass man ihn für kleinlich halten wird, wenn er allzu scharf reagiert.
3. Der Agierende entschuldigt sich.
4. Der Reagierende nimmt die Entschuldigung des Agierenden an und hält die Sache für ausgestanden.
5. Der Agierende beginnt nun, einen weiteren Schaden anzurichten usw.

Es ist für den Reagierenden schwer, nicht als Verlierer auszusteigen, wenn er erst einmal im Spiel ist. Noch schwerer ist es, den Spieler zu stellen, wenn er sich jedes Mal andere Mitspieler sucht.

Fallbeispiel: In einem Frankfurter Software-Unternehmen stand Manfred Z. regelmäßig auf einem der überdachten Parkplätze für die Mitarbeiterinnen. Aber jedes Mal auf einem anderen. Er hatte sich schon bei jeder Kollegin mindestens einmal entschuldigt. Er stellte sein Spiel aber erst ein, nachdem er vom Betriebsrat regelmäßig Post mit der Anrede »Sehr geehrte Frau Z.« bekam.

> **Tipp** Sie dürfen Ihren Chef kritisieren, aber Sie dürfen Ihr Auto niemals auf seinem Parkplatz abstellen.

»Bin ich zu laut?«
Der Empfindungslose

Dröhnendes Gelächter dringt aus der offenen Bürotür. Ein Kollege telefoniert in einer Lautstärke, die eine Konzentration auf die eigene Arbeit nicht mehr erlaubt. Natürlich registriert er die tadelnden Blicke. »Bin ich zu laut?«, fragt er dann scheinheilig.

Er weiß natürlich ganz genau, dass er zu laut ist. Denn er entschuldigt sich auch laufend dafür, dass er zu laut ist.

Auch dies ist eine Variante des Schlemihl-Spiels (siehe »*Wessen Auto ist das?*« auf Seite 78 ff.): Schaden anrichten, sich entschuldigen, neuen Schaden anrichten.

In diesem Falle hilft es nur, einen harten Schnitt zu machen, nämlich wenn Sie zu Ihrem lauten Kollegen sagen: »Sie können von mir aus ins Telefon brüllen, dass Ihr Gesprächspartner taub wird, Sie können lachen, dass die Wände wackeln, Sie können herumlärmen, dass man nur noch mit Ohropax arbeiten kann.

Aber wenn Sie noch einmal sagen: ›Entschuldigen Sie, dass ich etwas laut gewesen bin‹, passiert ein Unglück!«

Natürlich kann niemand vorhersagen, wie Ihr Kollege reagiert, wenn Sie ihm das Spiel verderben (von dem er vielleicht nicht einmal weiß, dass er es spielt). Aber es ist für Sie die einzige Möglichkeit, das Spiel anständig zu verlassen.

»Muss ich mir das bieten lassen?«
Die Mimose

Die Mimose ist das Gegenstück zum Tyrannen. Wie jeder von uns in bestimmten Situationen ein kleiner Tyrann ist, so steckt in jedem von uns auch eine Mimose. Im Umgang mit Kollegen ist es genauso unerfreulich, schnell kränkbar zu sein, wie es belastend ist, schnell reizbar zu sein. Auch der Kränkbare, sofern er diese Rolle ernst nimmt und nicht nur für ein paar Minuten in der Schmollecke steht, manipuliert seine Kollegen oder versucht es zumindest. Er bedroht das Klima mit einer Art negativer Impulsivität. Der Tyrann rastet aus, die Mimose schnappt ein. Beide in der gleichen Geschwindigkeit.

Die Mimose lässt in ihrem ganzen Verhalten erkennen, dass man ihr gegenüber jedes Wort auf die Goldwaage legen muss. Das Mimosenhafte in uns selbst stellt uns oft die Frage: »Muss ich mir das bieten lassen?« Da gefällt uns der Ton nicht, in dem man mit uns spricht, da finden wir die Aufgaben, die man uns zuweist, unzumutbar, da sind die Termine, die man uns stellt, eigentlich eine glatte Provokation. Dann reagieren wir verletzt, beleidigt, eingeschnappt – und zeigen demonstrativ unsere

Schwäche, als wollten wir die anderen dazu einladen, nun erst recht ihre Aggressionen auf uns zu konzentrieren. Was auch prompt geschieht, wenn wir überziehen und die Kollegen den Eindruck bekommen, ihr Verhalten sollte auf diese Weise manipuliert werden.

Der gelegentliche Gang in die Schmollecke gehört zur seelischen Hygiene wie das Händewaschen zur Körperpflege. Ausgeprägt mimosenhaftes Verhalten spricht aber für ein erheblich gestörtes, labiles Selbstwertgefühl.

Tipp	Hüten Sie sich vor endgültigen Urteilen von der Art »Die Sache hat sich für mich erledigt!« oder »Der ist für mich gestorben!« und »Mit Ihnen rede ich überhaupt nicht mehr!«. Auch eine beleidigte Reaktion wie »Muss ich mir das bieten lassen?« sollte unterdrückt werden. Die Antwort könnte nämlich lauten: »Ja!«

»Was mir wieder passiert ist!«
Die Heulsuse

Es gibt Mitarbeiter, die erinnern an jene Männer, von denen Eric Berne in seinem Buch über die *Spiele der Erwachsenen* schreibt, »die in Gesellschaft ein Verhalten an den Tag legen, als trügen sie ein Schild um den Hals mit der Aufschrift ›Bitte, tut mir nichts zuleide!‹. Die Versuchung ist geradezu unwiderstehlich«, und wenn ihnen dann tatsächlich jemand etwas zuleide tut, dann jammern diese Menschen uns die Ohren voll: »Aber auf dem Schild stand doch …« und brechen in den Klagegesang aus:

»Warum muss ausgerechnet mir so was passieren?« Mitarbeiter, die in diesem Gesellschaftsspiel besonders geübt sind, verstehen es hervorragend, ihre Kollegen zu manipulieren. Sie holen sich schamlos ihre Streicheleinheiten bei anderen ab: »Was mir wieder passiert ist, das können Sie sich nicht vorstellen!« Das erzwingt Aufmerksamkeit, Zuwendung, Trost. Und vor allem kostet es den betroffenen Kollegen, der sich das Lamento anhören muss, Zeit. Diese Übung ist, wie leicht zu bemerken, eine Ableitung aus dem frühkindlichen Spiel *Meins ist besser als deins*. Es tritt in den Varianten »Mir geht es viel schlechter als dir« oder »Mich nimmt der Chef viel härter ran als …« oder »Mich erwischt's ja immer, wenn …« und in vielen anderen denkbaren (und undenkbaren) Spielarten auf.

Im Ergebnis dieses Spiels geht der Kollege nach einer endlosen halben Stunde des Lamentierens hoch befriedigt von dannen, während Sie völlig zerschlagen und endgültig davon überzeugt, dass die Welt furchtbar schlecht ist, vor einem Berg unerledigter Arbeit sitzen, zu der Ihnen jetzt jede Motivation fehlt. Wunderbar. Der Tag ist versaut. Das hat er geschafft.

Scheinbar ist gegen diese Kollegen kein Kraut gewachsen. Es sei denn, man gibt ihnen für ihr Lamento ein Zeitlimit vor, am besten die durchschnittliche Länge eines deutschen Schlagers: drei Minuten.

> **Tipp**
> Es ist nicht unhöflich, wenn Sie eine Heulsuse (die übrigens in der Mehrzahl der Fälle männlich ist) unterbrechen und ihr vorhalten: »Wenn Sie mich jetzt nicht in Ruhe arbeiten lassen, schaffe ich mein Pensum nicht, kriege Ärger und stehe morgen früh bei Ihnen genauso im Zimmer wie Sie jetzt bei mir.«

»Ich hör dir zu!«
Der Ignorant

Der Ignorant ist das würdige Gegenstück zur Heulsuse. Oft treiben ihn auch ganz ähnliche Motive. Der Ignorant ist nicht einfach der Kollege, der Ihnen nicht zuhört, sondern derjenige, der vorgibt, Ihnen zuzuhören. Er befindet sich mit Ihnen im Gespräch, und dennoch haben Sie das sichere Gefühl, dass er sich weder für Sie noch für die Sache interessiert, über die Sie gerade mit ihm reden. Sein Kommunizieren ist gar kein echtes Kommunizieren, sondern eine Art Zeitvertreib. Vielleicht war es ihm zu still im Büro oder er hatte das Empfinden, seine Stimmbänder mal wieder bewegen zu müssen. Er hat kein zielgerichtetes Interesse, keine kommunikative Absicht, die Sie erkennen können. Und nach einigen Minuten fragen Sie sich: »Womit vertue ich hier eigentlich meine Zeit?«

Wenn Sie bei dieser Frage angelangt sind, stehen Sie dicht davor, mit einer Überkreuz-Transaktion (siehe Seite 15) die Kommunikation zu unterbrechen, etwa dadurch, dass Sie die Frage, die Sie sich selbst eben gestellt haben, Ihrem Kollegen an den Kopf werfen, gewissermaßen von der Höhe Ihres Erwachsenen-Ichs herab und auf das Kindheits-Ich Ihres Kollegen zielend. Eine zwar verständliche, aber wenig produktive Reaktion.

Erinnern Sie sich an Situationen, in denen Sie Ihrerseits – phasenweise – aus dem Gespräch ausgestiegen sind? Wie war das am Messestand, als Sie dem Vertreter, der Ihnen etwas über die neue Spracherkennungs-Software sagte, mit vielen »ach« und »toll« und »erstaunlich« zuzuhören vorgaben, während Sie mit den Gedanken bereits zu Ihrem nächsten Termin vorauseilten? Es kann jedem von uns jederzeit passieren, dass er – phasenweise – in die Situation des Ignoranten verfällt.

Das bedeutet umgekehrt aber auch, dass man seinen Kollegen aus der Ignorantenrolle herauslocken kann. Gelingt es Ihnen, den Ignoranten für Ihre Person zu interessieren, so dass er in die Rolle des »Sympathisanten« schlüpft, wird er Ihnen wieder aufmerksamer zuhören, auch wenn ihn der Gesprächsgegenstand eigentlich gar nicht interessiert. Wenn Sie das Thema so interessant darstellen, dass es ihn zu fesseln beginnt, wird er sich Ihnen zuwenden und in die Rolle des »Experten« schlüpfen, auch wenn Sie ihm persönlich schnuppe sind. Zum »idealen Zuhörer« wird Ihr Kollege, wenn er sich für Sie als Person und in gleicher Weise für den Gegenstand des Gesprächs interessiert.

Die Erfahrung zeigt, dass es fast unmöglich ist, durchweg und in jeder Situation und zu einhundert Prozent ein idealer Zuhörer zu sein. Üben Sie Nachsicht und geben Sie dem anderen eine Chance!

Einfach immer schlecht drauf
Der Nörgler

Er steht in der Tür. Und schon geht es los. Was alles fehlt. Was alles nicht läuft. Warum man nicht auf ihn gehört hat. Seltsamerweise hört man ihn nie in Meetings seine Stimme erheben. Da sitzt er gottergeben und mit gesenktem Blick und nimmt alles hin, was an Entscheidungen und Fehlentscheidungen anfällt. Dafür wird er nach dem Meeting mobil, er sucht den Kollegen seines Vertrauens im Büro auf und steht plötzlich in der Tür.

Notorische Nörgler schaffen es innerhalb weniger Minuten, einem den ganzen Tag zu versauen und dazu noch eine schlaflose Nacht zu bereiten. Sie tragen nichts zum Thema bei als Bedenken. Und dies tun sie auf eine Weise, dass man keine Chance hat, diese Bedenken auszuräumen.

Nörgler spielen leidenschaftlich gern eine Variante des Spiels »Warum nicht – Ja, aber …«. Sie spielen es mit und ohne Mitspieler. Sie machen (sich selbst) Vorschläge, die sie der Reihe nach verwerfen, nur um sich zu bestätigen, dass die Welt schlecht ist.

Nörgler schaffen es, ihren Ruf so gründlich zu verderben, dass man sie selbst dann nicht ertragen kann, wenn sie mit ihren Bedenken einmal richtig liegen. Längerer Kontakt mit ihnen führt zu einer psychischen Kontamination. Daher: Kontakt meiden und Bürotür fest verschließen.

Fettnäpfchen-Guide

»Guten Tag kaputt?«
Grußlos

Alle Menschen haben das Bedürfnis nach seelischen Streicheleinheiten. Alle Kollegen sind Menschen. Also haben auch alle Kollegen ein Bedürfnis nach seelischen Streicheleinheiten (die wir, um erotische Missverständnisse auszuschließen, strokes nennen wollen). Und sie haben auch einen Anspruch darauf.

Dieser Anspruch besteht nicht nur theoretisch, sondern ist sogar gerichtsnotorisch geworden. Das Bundesarbeitsgericht hatte 1996 über den Fall einer Abteilungsleiterin zu urteilen, die durch ihr unkollegiales und unhöfliches Verhalten ständig Anlass zu Beanstandungen gegeben hatte. Unter anderem verweigerte sie ihren untergebenen Mitarbeitern beharrlich elementare Höflichkeitsformen wie den Gruß. Sie hielt trotz Abmahnung an diesem abweisenden Verhalten fest. Im Interesse des Betriebsfriedens erhielt sie von ihrem Arbeitgeber die Kündigung. Das Bundesarbeitsgericht bestätigte die Rechtmäßigkeit der Kündigung (Urteil des BAG vom 09.05.1996; 2 AZR 128/95). Das extrem mangelhafte Sozialverhalten der Abteilungsleiterin sahen sie für den Arbeitgeber als nicht zumutbar an.

Wenn Sie Ihrem Kollegen das Grußritual verweigern, ist das nicht nur schlechthin eine Unhöflichkeit, sondern eine Verletzung seines psychischen Gleichgewichts. Sie müssen ja gar nicht an die Legende glauben, dass jeder gern seinen eigenen Namen hört – »Guten Morgen, Frau Semmelstedt-Hoppendubel!« klingt nicht unbedingt herzlicher als ein schlichtes »Guten Morgen«. Unterschiede der Region und der Temperamente regulieren, ob »Moin moin« bereits als Übergang zur Geschwätzigkeit aufgefasst wird oder ob »Einen wunderschönen guten Morgen, Herr Kommerzienrat!« ein Zeichen mangelnden Respekts ist.

Wenn Sie gerade von einer Messe oder einer Konferenz kommen oder nach längerer Krankheit wieder genesen am Arbeitsplatz erscheinen, schulden Sie Ihren Kollegen mehr als ein knappes »Hallo«. Keiner erwartet von Ihnen einen mündlichen Messebericht, ein Konferenzprotokoll oder eine Krankengeschichte. Aber die Belanglosigkeiten, die man bei dieser Gelegenheit austauscht, geben mehr Information, als man im ersten Moment annehmen will – keine sachlichen, dafür aber soziale. Das folgende Beispiel – Herr Außen kommt nach einer mehrtägigen Fachtagung zurück ins Unternehmen – soll das demonstrieren. Die »Übersetzung« läuft als »Untertitel« mit.

Beispiel:
Herr Außen: Guten Morgen, Herr Innen.
Herr Innen: Guten Morgen, Herr Außen. Wie war die Tagung?
(Wo waren Sie denn so lange? Wir haben Sie vermisst.)
Herr Außen: Anstrengend, aber sehr interessant. Doch, muss man sagen.
(Ich bin froh, wieder hier zu sein.)

Herr Innen:	Und, hats was gebracht?
	(Ihr Platz ist hier bei uns. Das wissen Sie doch?)
Herr Außen:	Muss man sehen.
	(Klar, weiß ich doch!)
	Und, wie liefs hier?
	(Hab ich Ihnen gefehlt?)
Herr Innen:	Danke. Ging so.
	(Ohne Sie wars beschissen.)
Herr Außen:	Man sieht sich.
	(Endlich daheim!)

»Wie war der Urlaub?«
Endlos

Eine besondere Ausprägung erfährt das Begrüßungsritual immer dann, wenn ein Mitarbeiter aus dem Urlaub zurückkommt. Die Höflichkeit, die uns anerzogen ist, gebietet es, den Rückkehrer zu fragen: »Na, wie war denn dein Urlaub?« Diese scheinbar unverfängliche Frage ist mehr als eine Floskel, aber weniger als die Aufforderung, einen ausführlichen Reisebericht zu geben. Sicher erwartet der Frager, dass ihm mit mehr als einem laxen »Ging so« geantwortet wird. Aber ebenso sicher wird er sich jetzt nicht auf der Stelle eine Stunde Zeit nehmen wollen, um sich Ihre Urlaubserlebnisse anzuhören.

Es kommt also auf das Feingefühl an, das richtige Maß zu finden. Ein Indikator, ob das Maß voll ist, liegt immer in der genauen Beobachtung der Körpersprache des anderen. An der Intensität des Blickkontakts – hängt der andere noch an Ihren

Lippen? – und an Gesten der Zuwendung oder Abwendung können Sie erkennen, ob Ihr Gegenüber wirklich noch wissen will, was Sie ihm erzählen.

> **Tipp** Langweilen Sie nicht mit Details. Sagen Sie in zwei, drei Sätzen, was die Highlights waren. Lassen Sie sich lieber bitten, doch noch etwas ausführlicher zu erzählen, wie es war.

»Erst mal eine rauchen«
Gedankenlos

Sie setzen sich an den Schreibtisch und zünden sich als erstes eine Zigarette an. Ihr Kollege gegenüber bekommt vor Begeisterung einen Hustenanfall. Sie wundern sich, dass er immer wortkarger wird und schließlich die Kommunikation mit Ihnen ganz einstellt, denn das Rauchen ist in Ihrem Unternehmen schließlich nicht grundsätzlich verboten.

Es gibt jedoch eine Arbeitsstätten-Verordnung, deren § 5 besagt: »In Arbeitsräumen muss unter Berücksichtigung der angewandten Arbeitsverfahren und der körperlichen Beanspruchung der Arbeitnehmer während der Arbeitszeit ausreichend gesundheitlich zuträgliche Atemluft vorhanden sein.« Sie dürfen sich also nicht wundern, wenn sich Ihr Kollege auf diesen Gesetzestext beruft.

Fallbeispiel: Ein Kraftfahrer, Nichtraucher aus Überzeugung, sollte eine mehrtägige Tour mit einem Kettenraucher als Beifahrer unternehmen. Der Nichtraucher weigerte sich, die Fahrt mit dem qualmenden Kollegen anzutreten. Daraufhin wurde ihm wegen Arbeitsverweigerung fristlos gekündigt. Der gerichtlichen Prüfung hielt diese Kündigung nicht stand. Das Landesarbeitsgericht Hamm entschied, der Arbeitgeber hätte die berechtigten Interessen des Nichtrauchers berücksichtigen müssen, zumal eine andere Einteilung der LKW-Besatzung möglich gewesen wäre. Die Kündigung des energischen Nichtrauchers war unwirksam. (Urteil des LAG Hamm 11 Sa 1655/94)

Diese Rechtsprechung macht es Rauchern zunehmend schwer, die »freie Entfaltung ihrer Persönlichkeit« auf Kosten der Gesundheit anderer zu betreiben. Arbeitgeber und Betriebsräte wissen das. Vermeiden Sie also, in diesen Fettnapf zu treten, wenn Sie auf ein – in wahrsten Sinne des Wortes – gutes Klima Wert legen.

»Welch ein bezaubernder Knutschfleck!«
Taktlos

»Oh, was haben Sie da für einen bezaubernden Knutschfleck am Hals!« Dieser Satz dürfte bei Ihrer Kollegin kaum als Kompliment ankommen, sondern als grobe Taktlosigkeit.

Auch die an einen Kollegen gerichtete Aufforderung: »Dein Hosentürl steht offen!« wird nicht die Wirkung eines wohlgemeinten Ratschlages haben.

Der Empfänger der Botschaft wird säuerlich lächeln oder eine Bemerkung machen, die ihm über die Peinlichkeit der Situation hinweghilft, aber in seinem Gedächtnis wird sich diese

Bloßstellung einbrennen – und er wird auf Rache sinnen. Ganz gleich, ob Sie Ihren Kollegen aus Dämlichkeit oder aus böser Absicht bloßgestellt haben: Die Gelegenheit zur Revanche kommt für ihn bestimmt!

»Wollen Sie etwa so …?«
Kulturlos

»Wollen Sie die hier etwa essen?« fragte die Sekretärin und musterte den neuen Entwicklungsingenieur von oben bis unten mit schreckensweit aufgerissenen Augen, als er sich eine Fünfminutenterrine aufgoss. An sich herrschte ja ein lockeres Klima in diesem Großraumbüro. Aber das Knistern mit Butterbrotpapier und das Löffeln stinkender Fertigsuppen war streng verpönt.

Karriereexperten wie der amerikanische Management-Trainer Albert J. Bernstein wissen, »dass jede Position einen offiziellen und einen inoffiziellen Aspekt umfasst. Der offizielle Aspekt ist die Arbeit, für die man bezahlt wird … Der inoffizielle Aspekt ist das, was man beachten muss, um seine Arbeit tun zu dürfen – mit anderen Worten: die Firmenpolitik.« (Bernstein 1990, S. 105)

Was für den Karriereweg gilt, das gilt auch für den Umgang mit Kollegen. Der inoffizielle Teil der Arbeit – man kann ihn Firmenpolitik, Unternehmenskultur, Teamgeist oder Arbeitsatmosphäre nennen – gewinnt eine umso größere Bedeutung dort, je mehr die offiziellen Arbeitsinhalte formalisiert sind. Sie können in der Regel davon ausgehen, dass der inoffizielle Teil Ihrer Arbeit in einer Bank oder einer Behörde ein größeres

Gewicht hat (und Ihnen möglicherweise größere Probleme bereitet) als in einer Werbeagentur, die sich selbst als »junges, dynamisches Team« präsentiert.

> **Tipp**
> Versuchen Sie in jedem Fall herauszukriegen, wer sich in Ihrem Unternehmen etwas herausnehmen darf, wie viel und unter welchen Umständen. Ebenso, was verpönt ist. Vielleicht gehört die Frage, ob man sich mal das Lineal ausleihen darf, zu den absoluten Tabus.

»Welcher Idiot hat das verbockt?«
Ahnungslos

Mit diesem Satz – ersatzweise sind »Welches Rindvieh war das?« und »Von wem kommt denn dieser Scheiß?« sehr beliebt – verursachen Sie eventuell den größten Kollegen-GAU Ihrer Laufbahn. Es gibt eine statistisch ziemlich hohe Wahrscheinlichkeit, dass der »Idiot« oder das »Rindvieh« Ihnen gerade gegenübersitzt.

Wenn es Ihnen doch einmal passiert – und es passiert Ihnen hoffentlich nur einmal –, bleibt Ihnen nur eine formvollendete Entschuldigung, sowohl in der Sache als auch im Hinblick auf Ihre Wortwahl und Ihr ungestümes Temperament.

Die Sache wird übrigens nicht besser, wenn der »Scheiß« vom Chef kommt. Irgend jemand wirds ihm nämlich stecken, dass Sie der Meinung sind, er sei ein Idiot, und er wird Sie bei der nächsten fälligen Beförderung oder Gehaltserhöhung spüren lassen, dass er Ihre Meinung nicht teilt.

»Da hat doch der Chef ...«
Geschmacklos

Moderne Vorgesetzte ermuntern ihre Mitarbeiter, sie umstandslos zu kritisieren, wenn sie meinen, mit einer Fehlentscheidung des Chefs konfrontiert zu sein. Das ist keine zeitmodische Attitüde, sondern soll die Verantwortung der Mitarbeiter für die Entscheidungen stärken. Gemeint ist damit aber in der Regel, die Mitarbeiter sollen in Meetings oder beim Jour fixe Kritik üben, nicht am Mittagstisch oder in der Teeküche.

Das gleiche Loyalitätsprinzip gilt auch gegenüber leitenden Angestellten, die nicht die unmittelbaren Vorgesetzten sind. Wer über die neue Abteilungsleiterin der Nachbarabteilung tratscht, lässt seine Illoyalität gegenüber der Hierarchieebene »Abteilungsleiter« erkennen. Und das kommt bei »denen da oben«, so sehr sie sich untereinander vielleicht vors Schienbein treten, gar nicht gut an. Selbst frühere Vorgesetzte in anderen Unternehmen sollten – aus dem gleichen Grund – vom Kollegentratsch ausgenommen werden.

Aus sicherer Quelle
Haltlos

Andere aushorchen (siehe Abschnitt »*Erzählen Sie doch mal!*« auf Seite 63) und anschließend darüber tratschen – das gehört wohl zu den Lieblingsbeschäftigungen in deutschen Büros. Jeder weiß, dass es offizielle Wege der Bekanntmachung gibt. Eine Botschaft auf diesen Wegen braucht aber meist eine Weile, bis der Letzte sie zur Kenntnis genommen hat. Und dann gibt es noch die »informellen« Wege: »Wenn du über einen Sachverhalt alle ganz schnell informieren willst, musst du 's unter dem Siegel der Verschwiegenheit Dr. Steglitz erzählen, dann ist es sofort überall rum.«

Tratschende Mitarbeiter, die aus sicherer Quelle die heißesten News der Firma kennen, verletzen fortwährend die Intimsphäre ihrer Kollegen. Denn diese Intimsphäre hat, wie gesagt, nicht nur eine räumliche, sondern auch eine zeitliche Dimension. Das ist auch einer der Gründe, warum Chefs den Kollegenklatsch hassen wie die Pest: nicht nur, weil sie selbst Gegenstand sein könnten, sondern weil er immens viel Zeit kostet.

> **Tipp** Am besten fahren Sie, wenn Sie viel wissen, aber darüber schweigen. Wenn Sie es mit tratschsüchtigen Kollegen zu tun haben, gilt: Ohren auf, Mund zu!

Schon immer gewusst
Sinnlos

»Ich weiß!« Das ist einer der Sätze, die Kollegen auf die Palme bringen. Und man fragt sich dann verwundert, wieso eigentlich.

In diesen zwei Worten liegt tatsächlich Dynamit. Natürlich macht auch hier der Ton die Musik. Man kann die Worte nachsichtig und überheblich aussprechen, verzweifelt und desinteressiert. Überraschenderweise vermitteln sie immer eine negative Botschaft. Nicht Wissen wird nämlich signalisiert, sondern

Besserwissen, Vorwissen, wertloses Wissen, Wissensüberschuss und -überdruss. Die vollständigen Sätze könnten etwa lauten: »Aber das weiß ich doch längst« (nachsichtig), »Warum erzählen Sie mir das denn noch?« (überheblich), »Mein Gott, ja, ich habs ja nun kapiert!« (verzweifelt), »Na, okay, bringen wir 's hinter uns« (desinteressiert).

Einzige Empfehlung: Vermeiden! Nicht nur den Satz, sondern auch die Haltung Ihren Kollegen gegenüber, die dahinter steht.

»Was ist daran so komisch?«
Humorlos

Der berühmte erste Eindruck, dieses Scannen des Gegenübers, das in den ersten sieben Sekunden der Begegnung geschieht, und der Datenabgleich mit der internen Referenzdatenbank, für das wir ungefähr dreißig Sekunden brauchen, nach denen uns klar ist, ob wir mit diesem Gegenüber »können« oder nicht, dieser erste Eindruck wird nicht unwesentlich davon bestimmt, ob einer Humor hat oder nicht. Und dieser erste Eindruck spielt auch noch viel später eine Rolle, denn die Etiketten des ersten Eindrucks bleiben lange an einem kleben. Das funktioniert ungefähr so:

→ Lacht überhaupt nicht
  (Hat die Pointe nicht verstanden. Schwachkopf)
→ Lacht schallend und schlägt sich auf die Schenkel
  (Wahrscheinlich Frohsinns-Karnevalist. Schlichte Natur)

→ Lacht nach einer Verzögerung
   (Hat Mühe, mitzukommen. Langsam)
→ Lacht hinter vorgehaltener Hand
   (Möchte gern und traut sich nicht. Opportunist)
→ Lacht sofort.
   (Hat verstanden. Blitzmerker)

Eine fröhliche, ausgelassene Atmosphäre in Ihrem Team – ja, sowas gibts – können Sie mit dem Satz »Was ist denn daran so komisch?« gründlich zerstören. Wenn Sie selbst den Humor Ihrer Kollegen nicht teilen können, dann nehmen Sie den anderen wenigstens nicht ihren Spaß.

»Haben Sie mir denn nicht zugehört?«
Verständnislos

Es ist nicht nur ein Gebot der Höflichkeit, sondern eine Voraussetzung für erfolgreiche Kommunikation überhaupt, dass man

→ den anderen ausreden lässt und
→ dass man dem anderen zuhört,

bevor man antwortet (siehe auch Abschnitt *Ich hör dir zu!*, Seite 84). Die Regel, den anderen ausreden zu lassen, umschließt auch die Forderung, dem anderen zuzuhören. Wer selbst nicht zuhört, wird auf eine Weise reden, die den Gesprächspartner missachtet, nicht als Subjekt ernst nimmt, sondern als Objekt, als Auffangbecken des Redeschwalls missbraucht. Plutarch nannte diese Menschen Schwätzer: »Der Schwätzer redet zu Leuten, die ihm nicht zuhören, hört ihnen aber selber nicht zu, wenn sie reden; und hat er einmal ein bisschen zugehört, weil sein Geschwätz gleichsam Ebbe hatte, dann lässt er schleunigst ein Vielfaches zurückfluten. Andere Menschen verdauen die Worte, die man ihnen sagt – bei den Schwätzern gehen sie wie Durchfall ab.«

Möglicherweise beschäftigen Sie sich selbst, während der andere spricht, schon so sehr mit dem, was Sie sagen wollen, dass Sie vielleicht gar nicht mehr genau verstehen, was Ihr Kollege eigentlich sagt. Sie lassen ihn zwar ausreden, aber er hat nichts davon. Ausreden lassen bedeutet immer, dem anderen für die Dauer seiner Äußerungen aufmerksam zuzuhören.

Tipp	Wenn diese Kommunikationsprobleme bei Ihnen auftreten, warten Sie nicht, bis man Sie für einen Schwätzer hält, sondern machen Sie aus eigenem Antrieb die Art der Kommunikation zum Gesprächsthema. Auf diesem Wege können Sie gemeinsam Störendes erkennen und aus dem Weg räumen, um mit Ihren Kollegen wieder richtig ins Gespräch zu kommen.

»Warum sagen Sie denn nichts?«
Sprachlos

Peinlich, wenn man von Ihnen etwas erwartet und Sie wissen nichts davon. Zum Beispiel, wenn man erwartet, dass Sie etwas sagen. Sie hatten aber gar nicht die Absicht, etwas zu sagen.

Kulturen prallen hier aufeinander, nicht nur in multinational besetzten Unternehmen. Wie sagte der schwäbische Meister zu seinem Gesellen? »Wenn ich nix sag, isch alles o.k.!« Und wie drückte er in überschäumender Begeisterung ein Höchstmaß an Entzücken aus? »Nit schlecht!«

Nicht nur verschiedene Kulturen, auch verschiedene soziale Gruppen und Individuen verwenden unterschiedliche Kommunikationstypen.

Fallbeispiel: Jürgen war für einen Moment aus dem Büro gegangen. In dieser Zeit kam ein Anruf von Abteilungsleiter Dr. Assberg. Jürgens Kollege Oliver nahm diesen Anruf entgegen. Als Jürgen zurückkam, sagte Oliver kurz zu ihm: »Assberg hat angerufen.« Jürgen notierte sich: »Assberg zurückrufen« und setzte sich an den Computer, um einen angefangenen Brief zu Ende zu schreiben. Er kam aber nicht weit, denn schon Minuten später stand Dr. Assberg in der Tür und machte Jürgen wegen des ausbleibenden Rückrufs und Oliver wegen der fehlerhaften Übermittlung seines Auftrags rund.

Was war passiert? Jürgen und Oliver kommunizieren offenbar mit unterschiedlich hohem Kontext.

→ *Niedriger Kontext* bedeutet: Alle Informationen müssen klar und eindeutig ausgesprochen und übermittelt werden. Interpretationsspielräume werden so eng wie möglich gehalten. Ein *spezifischer* Informationsaustausch ist erforderlich.
→ *Hoher Kontext* bedeutet: Der Sprecher geht davon aus, dass der Partner die Situation weitgehend kennt und auf die

gleiche Weise beurteilt, so dass sie keiner detaillierten Darstellung bedarf. Der Informationsaustausch kann *diffus* bleiben.

Oliver war der Meinung, seine Bemerkung »Assberg hat angerufen« enthielte alle notwendigen Informationen. Sein Kontext war für Jürgen aber zu hoch. Da er neu im Unternehmen war, hätte Jürgen die Information gebraucht: »Assberg hat angerufen. Das tut er nur in dringenden Fällen. Und wenn es das tut, ist Gefahr im Verzug. Stell dich auf ein schwieriges Gespräch ein. Außerdem erwartet er, dass du sofort zurückrufst oder – noch besser – in seinem Büro erscheinst.«

Im Umgang mit Ihren Kollegen wird Ihnen auffallen, dass Ihnen je nach Temperament, Gesprächsgegenstand und Gesprächssituation Vertreter unterschiedlicher Kommunikationstypen gegenüberstehen. Missverständnisse lassen sich vermeiden, wenn Sie sich im Gespräch oder im Meeting dem Kommunikationstyp annähern, den Ihr Partner bevorzugt.

Wenn es immer noch nicht klappt, treten Sie einen Schritt zurück und machen Sie das Kommunikationsproblem selbst zum Gegenstand des Gesprächs, indem Sie zum Beispiel eine optimale Kontexthöhe für alle vereinbaren: Klären Sie nicht nur vorab die Begriffe und die Prozeduren, sondern legen Sie auch fest, wie viel Sie jeweils wissen möchten und was zu wissen und zu kennen nicht erforderlich ist. Mancher Kollege begnügt sich nämlich nicht damit, dass man ihm einfach etwas ins Eingangskörbchen legt, er wünscht die persönliche Information: »Ich habe Ihnen da was ins Eingangskörbchen gelegt.«

»Und wo ist das Problem?«
Arglos

Keiner verlangt von Ihnen, dass Sie ein Heiliger sind. Sie sind nicht verpflichtet, die Probleme der anderen ständig zu Ihren Problemen zu machen. Was Ihnen die Kollegen aber ganz sicher übel nehmen: wenn Sie mit dem Gestus »Hoppla, jetzt komm ich!« oder aus Gründen der Arglosigkeit die Probleme der anderen überhaupt nicht mehr wahrnehmen. Wer mit strahlendem Siegerlächeln verkündet, er sehe nirgendwo mehr ein Problem, wird in der Regel nicht seines positiven Denkens wegen geschätzt, sondern vielmehr der Arroganz und der Oberflächlichkeit verdächtigt. Schlimmer noch: Man wird ihm bald jede Problemlösungskompetenz absprechen. In diese Falle laufen viele, die besonders gut sein wollen, die sich als Macher darstellen wollen, die selbst (scheinbar) keine Probleme mit ihrem Job haben.

Einer jungen aufstrebenden Führungskraft eines deutschen Medienkonzerns sagten seine früheren Kollegen nach: »Wenn die Arbeit den sieht, macht sie einen großen Bogen um ihn und lässt sich lieber von einem anderen erledigen.« Sie hatten Recht. Der Mann machte schließlich auch nicht die Arbeit, er machte Karriere.

»Lassen Sie das!«
Gedankenlos

Irgendwann sagt es Ihnen mal jemand: dass es ihm furchtbar auf die Nerven geht, wenn Sie beim Telefonieren ein Dutzend *seiner* (oder *ihrer*) Büroklammern aufbiegen und die aufgebogenen Drähte dann irgendwo herumliegen lassen oder – noch schlimmer – in den *gemeinsamen* Büroklammerspender zurückstopfen. Oder: dass Sie Kleingeld lose in der Jackentasche tragen, das bei jeder Bewegung klimpert. Und das den ganzen Tag über. Oder ständig den Kugelschreiber auf und zu klicken. Oder dass Sie sich im Büro einen hoch aromatischen Kräutertee aufbrühen, den nur Sie gut finden, alle anderen aber zum Weglaufen. Oder dass Sie sich immer, ohne zu fragen, am Zuckerbecher der Bildstelle bedienen.

Bei dieser Gelegenheit merken Sie erst, wie gedankenlos Sie im Alltag mit Ihren Kollegen bisher umgegangen sind.

Warum nur reagiert Ihre Kollegin so reserviert, obwohl Sie ihr doch jedesmal freundlich zuwinken, wenn Sie mit dem Auto an der Bushaltestelle vorbeifahren, an der sie auf den Nachmittagsbus wartet? Sie hätten sie ja wenigstens mal fragen können, ob Sie sie ein Stück mitnehmen können.

Tipp	Es ist nicht schwer, sich vorzustellen, wie der andere Sie sieht und was er dabei empfindet, wenn Sie es nur mal versuchen. Es sind nicht immer die angenehmsten Erkenntnisse, die Sie bei diesem Versuch gewinnen. Aber sie helfen Ihnen, Gedankenlosigkeit und die naive Form der Rücksichtslosigkeit, die daraus entspringt, schnell abzulegen.

Mobbing?
Nadelstiche und
Keulenhiebe

»Schon ausgeschlafen?«
Kleine Bosheiten erhalten die Feindschaft

Wir alle kennen und lieben sie, die Kollegen, die sich die Pointe nicht verkneifen können. Wir erkennen es meist schon an ihrem Blick, der uns fixiert und gleichzeitig nach innen gewendet scheint, dass der oder die Betreffende jetzt die Datenbank der kleinen Bosheiten durchgeht. Und immer finden sie etwas, das sie uns an den Kopf werfen können.

- → »Na, schon ausgeschlafen? Wohl 'n anstrengendes Wochenende gehabt?«, bekam der IT-Spezialist zu hören, der am Montagmorgen fünf Minuten zu spät zum Meeting kam.
- → »Bei uns in der Straße hat jetzt auch eine Änderungsschneiderei eröffnet«, bekam die Verkäuferin eines Mainzer Lederwarengeschäfts zu hören, als sie eines Morgens in komplett neuem und erkennbar teurem Outfit im Laden erschien.
- → Erwartungsvoll öffnete die Sekretärin, die ihren Kolleginnen gestanden hatte, dass sie hin und wieder noch ein paar

Probleme mit der neuen Rechtschreibung hat, das Päckchen, das ihr die Kolleginnen zum Geburtstag überreicht hatten. Es enthielt – einen Duden.

→ Dass Innendienstler von den Außendienstlern nicht immer gemocht werden, bemerkte ein Vertriebsmitarbeiter immer dann, wenn ihm die Außendienstler nach gemeinsamen Meetings den Kopierer ausschalteten, so dass er ihn erst fünf Minuten warm laufen lassen musste, die Voreinstellungen der elektronischen Formulare änderten oder ihn mit E-Mails vorgeblich informativen Charakters zumüllten.

Die einzige Chance, sich gegen kleine Bosheiten zu wehren, ist, sich nicht dagegen zu wehren. Spiele können zum »Krieg im Büro« eskalieren. Und es ist erstens nicht gesagt, dass Sie in diesem Spiel der Stärkere sind (auch wenn Sie das glauben), und zweitens, ob nicht die gesamte Atmosphäre im Team so stark darunter leidet, dass die unbeteiligten Kollegen Ihnen den nötigen Rückhalt verweigern – dann hätten Sie, selbst wenn Sie im »Spiel« obsiegen, nämlich nichts gewonnen.

> **Tipp** Erste Voraussetzung, um Bosheiten ins Leere laufen zu lassen, ist absolut korrektes Verhalten: Nicht mehr zu spät kommen, keine Fehler machen, sachlichen und fairen Umgang mit allen Kollegen pflegen, um alle Vorwände, gegen Sie zu »schießen«, auszuschalten. Wenn dies nicht ausreicht (was wahrscheinlich ist), sind körpersprachliche Reaktionen auf Verbalattacken allemal sinnvoller als lautstarke Proteste. Lassen Sie sich nicht verführen, auf der Kindheits-Ich-Ebene mitzuspielen, aber versagen Sie auch Ihrem Eltern-Ich, den Provokateur von oben herab abzustrafen.

Eine Hamburger Bibliothekarin, die regelmäßig von einem vorlauten Kollegen angepflaumt wurde, kam diesen Verbalattacken schließlich zuvor, indem sie ihrem Kollegen mit einem bezaubernden Lächeln und einer einladenden Geste das Wort erteilte. Der sah sein Spiel durchschaut, merkte, dass er sich coram publico lächerlich machte, und stellte seine dümmlichen Attacken ein.

Hinter vorgehaltener Hand
Üble Nachrede

Im Strafgesetzbuch der Bundesrepublik Deutschland ist der Straftatbestand der üblen Nachrede in § 186 folgendermaßen beschrieben: »Wer in Beziehung auf einen anderen eine Tatsache behauptet oder verbreitet, welche denselben verächtlich zu machen oder in der öffentlichen Meinung herabzuwürdigen geeignet ist, wird, wenn nicht diese Tatsache erweislich wahr ist, mit Freiheitsstrafe bis zu einem Jahr oder mit Geldstrafe und, wenn die Tat öffentlich oder durch Verbreiten von Schriften (§ 11 Abs. 3) begangen ist, mit Freiheitsstrafe bis zu zwei Jahren oder mit Geldstrafe bestraft.«

> *Fallbeispiel: Thomas D. war in die mittlere Ebene eines großen Strukturvertriebs aufgestiegen. Seine neuen Kollegen saßen abends, nach dem Meeting, immer noch ein, zwei Stunden im Büro in einer feuchtfröhlichen Runde beisammen. Thomas D. lehnte nicht nur die harten Spirituosen, sondern auch Wein und Bier konsequent ab und beschränkte sich auf Mineralwas-*

ser und Fruchtsäfte. Das hatte den einfachen Grund, dass sein Magen Sprit nicht vertrug, dass ihm Wein nicht schmeckte und dass er außerdem überzeugter Null-Promille-Anhänger war, weil er anschließend noch mit dem Auto fahren musste. Umso überraschter war er, als er später feststellen musste, dass sein weiterer Aufstieg in der Hierarchie des Strukturvertriebs erschwert wurde, nicht weil seine Umsätze nachgelassen hätten, sondern weil man ihn für einen (trockenen) Alkoholiker hielt. Thomas D. bekam diese Nachrede erst mit, als eine neue Mitarbeiterin, die ein Auge auf ihn geworfen hatte, ihm vertraulich mitteilte, er könne mit ihr über sein Alkoholproblem wirklich ganz offen reden.

Üble Nachrede ist kein Kavaliersdelikt, und in den Fällen, da – wie im Beispiel von Thomas D. – die Persönlichkeitsrechte des Betroffenen massiv verletzt werden, kann sich der »Nachredner« auch nicht auf das Recht auf freie Meinungsäußerung berufen. Es ist natürlich ein Unterschied, ob ein Kollege im angetrunkenen Zustand auf einem Betriebsausflug »mal was Dummes sagt« oder ob im beruflichen Alltag hinter Ihrem Rücken »etwas läuft«. Für Sie als Arbeitnehmer ist die üble Nachrede in ihrer strafrechtlich definierten Form unter keinen Umständen hinzunehmen.

> **Tipp** Wenn Sie den Verdacht haben, dass Ihre Persönlichkeitsrechte mittels übler Nachrede schwerwiegend verletzt werden, sollten Sie sich als erstes Ihrer Position im Team versichern und sich gegebenenfalls an den Betriebsrat wenden. Sofern die üble Nachrede nicht gerade von der Chefetage selbst ausgeht, bitten Sie um ein Gespräch mit Ihrem Arbeitgeber und informieren Sie ihn, am besten gemeinsam

mit dem Betriebsrat, darüber, was gegen Sie läuft. Er ist damit in der Pflicht, die Betriebsstörung zu unterbinden. In allen unklaren Fällen, wo Ihnen die Herkunft und der Umfang der üblen Nachrede nicht geheuer sind, kann eine Rechtsberatung bei der Gewerkschaft oder der Berufsgenossenschaft angezeigt sein.

»Der hat Aids!«
Verleumdungen

Wer sich mit handfesten Verleumdungen auseinanderzusetzen hat, muss ähnlich wie der von übler Nachrede Betroffene den engeren Bereich des Betriebsverfassungsgesetzes verlassen und den Raum des Strafrechts betreten. § 186 des Strafgesetzbuches definiert den Tatbestand: »Wer wider besseres Wissen in Beziehung auf einen anderen eine unwahre Tatsache behauptet oder verbreitet, welche denselben verächtlich zu machen oder in der öffentlichen Meinung herabzuwürdigen oder dessen Kredit zu gefährden geeignet ist, wird mit Freiheitsstrafe bis zu zwei Jahren oder mit Geldstrafe und, wenn die Tat öffentlich, in einer Versammlung oder durch Verbreiten von Schriften (§ 11 Abs. 3) begangen ist, mit Freiheitsstrafe bis zu fünf Jahren oder mit Geldstrafe bestraft.«

Verleumdungen beziehen sich sehr häufig auf angeblich dunkle Punkte in der Vergangenheit, aber auch auf den Gesundheitszustand oder auf persönliche Eigenarten und Vorlieben. Die Schmutzkampagne gegen den Viersterne-General Kießling ist manchem sicher noch in Erinnerung. Sie folgte dem gleichen Muster wie 1938 die Verleumdung der Generale Blomberg und

Fritsch. Verleumdungen zielen nicht nur darauf ab, die berufliche Laufbahn des Betroffenen zu behindern. Mit Verleumdung soll die Persönlichkeit des Opfers im Kern getroffen und beschädigt werden. Verleumdungen in ihrer härtesten Form provozieren den psychosozialen Vernichtungsschlag.

Kein Job und keine Karriereaussicht darf so verlockend sein, dass Sie sich um ihretwillen kriminellen Machenschaften aussetzen. Wer Sie nachweislich verleumdet, begeht eine Straftat. Straftaten müssen geahndet werden, ohne Ansehen der Person und des Ranges, den diese Person bekleidet.

»Was'n Fahrgestell!«
Pozwicker und Busengrapscher

Über sexuelle Belästigung am Arbeitsplatz hat man nicht nur Bücher, sondern mittlerweile auch schon Berge von Gerichtsakten gefüllt. Die Rechtsprechung steht in der Regel eindeutig den betroffenen Frauen bei; sie kann aber die Umstände nicht beseitigen, das Betriebsklima nicht verändern, das sexuelle Belästigung ermöglicht.

In einem mittelständischen Unternehmen im Rheingau galt die mündliche Abmachung, *dass sexuelle Belästigung nicht stattfindet*. Diese Abmachung konnte leicht zweischneidig wirken, denn sie hätte auf der einen Seite als Forderung an die Herren gedeutet werden können, ihre Kolleginnen nicht sexuell zu belästigen, auf der anderen Seite aber auch heißen, wenn es einer dennoch tut, ist es keine sexuelle Belästigung. Ungeachtet dessen hat sich die Abmachung glänzend bewährt, denn sie war im Grunde aus dem Selbstbewusstsein der (zu zwei Dritteln) weiblichen Beschäftigten geboren worden, die damit erklärten: Es ist gar nicht möglich, uns sexuell zu belästigen, weil wir *erstens* solche Situationen nicht zulassen und weil wir *zweitens* selber entscheiden, wem wir die Wange zum Kuss reichen. Die Atmosphäre in diesem Unternehmen wurde allgemein als herzlich, persönlich und menschlich beschrieben. Aus Überschwang fiel man sich auch schon mal in die Arme, wer deprimiert war, bekam seine Streicheleinheiten nicht nur im übertragenen Sinne, sondern wurde wirklich in den Arm genommen, und wenn jemand ging, wurde er mitunter recht heftig abgeknutscht. Nach den Maßstäben heutiger Rechtsprechung hätte mindestens die Hälfte der Belegschaft wegen sexueller Belästigung entlassen werden müssen – beschwert hat sich in diesem Betrieb aber niemand.

| Tipp | Wo Frauen sexuelle Belästigung begegnet, ist es häufig nicht der einzelne Pozwicker, sondern da ist grundsätzlich Gift im Betriebsklima und etwas faul im Geist des Unternehmens. Betroffene Frauen können sich also meist nicht auf ein ansonsten intaktes Umfeld stützen. Der erste Weg sollte hier zum Betriebsrat führen. Führt das nicht weiter oder hat das Unternehmen keinen Betriebsrat, ist dringend der Besuch bei einem Anwalt zu empfehlen. Unter der Internet-Adresse http://www.anwalt-suchservice.de/ finden Sie eine Fachanwältin für Arbeitsrecht in Ihrer Nähe, die Ihnen am besten sagen kann, was Sie in der jeweiligen Situation tun und lassen sollten. |

Ein paar Ohrfeigen
Gewalt und Bedrohung

Man mag es in einer Gesellschaft, die sich so viel auf ihr Kulturniveau und ihren Zivilisationsstatus zugute hält, kaum für möglich halten. Aber noch immer werden physisch schwächere Mitarbeiter und Frauen durch Androhung körperlicher Gewalt und durch tatsächliche Akte der Gewalttätigkeit eingeschüchtert und gedemütigt. Und das nicht nur im Halbweltmilieu der Drückerkolonnen, Drogendealer und Zuhälter. Selbst in ausgesprochen seriösen Branchen scheint Gewalt als Mittel der Karriere und des »Interessenausgleichs« wieder gesellschaftsfähig zu werden.

Fallbeispiel: Das Landesarbeitsgericht Düsseldorf hatte sich 1998 mit einer unzulässigen Art der Mitarbeitermotivation zu beschäftigen. Ein Vorgesetzter hatte nicht nur mit dem saloppen Spruch brilliert: »Man müsste der Dingens mal richtig in den Hintern treten.« Er hatte dieses Vorhaben auch in die Tat umgesetzt. Die Folgen des Tritts waren ein Steißbeinbruch, eine sechswöchige Arbeitsunfähigkeit und eine Schmerzensgeldklage der Mitarbeiterin. »Der Tritt ins Gesäß einer Mitarbeiterin gehört auch dann nicht zur betrieblichen Tätigkeit eines Vorgesetzten, wenn er mit der Absicht der Leistungsförderung oder Disziplinierung geschieht«, befanden die Richter (Urteil des LAG Düsseldorf vom 27.05.1998; 12 (18) Sa 196/98). Der Klägerin wurde schließlich ein Betrag von 3000 DM zugesprochen.

Ein vergleichbarer Fall könnte sich jederzeit zwischen Kollegen abspielen. Es wäre schön, wenn sich die Arbeitnehmer darauf verlassen könnten, dass der Arbeitgeber in solchen Fällen seiner

Fürsorgepflicht unaufgefordert nachkommt und Verletzungen des Persönlichkeitsrechts unterbindet. Leider ist das nicht immer so. »Arbeitgeber und Betriebsrat haben darüber zu wachen, daß alle im Betrieb tätigen Personen nach den Grundsätzen von Recht und Billigkeit behandelt werden, insbesondere, daß jede unterschiedliche Behandlung von Personen wegen ihrer Abstammung, Religion, Nationalität, Herkunft, politischen oder gewerkschaftlichen Betätigung oder Einstellung oder wegen ihres Geschlechts unterbleibt«, sagt § 75 Abs. 1 des Betriebsverfassungsgesetzes und legt in Abs. 2 außerdem fest: »Arbeitgeber und Betriebsrat haben die freie Entfaltung der Persönlichkeit der im Betrieb beschäftigten Arbeitnehmer zu schützen und zu fördern.« Doch diese elementaren Rechtsgrundsätze müssen im Zweifel erst vor Gericht durchgesetzt werden. Es ist kein Zufall, wenn das Betriebsverfassungsgesetz Strafbestimmungen vorsieht. Zur »Entfernung betriebsstörender Arbeitnehmer« heißt es in § 104: »Hat ein Arbeitnehmer durch gesetzwidriges Verhalten oder durch grobe Verletzung der in § 75 Abs. 1 enthaltenen Grundsätze den Betriebsfrieden wiederholt ernstlich gestört, so kann der Betriebsrat vom Arbeitgeber die Entlassung oder Versetzung verlangen.« Stimmt das Arbeitsgericht diesem Begehren des Betriebsrates zu und weigert sich der Arbeitgeber trotz eines rechtskräftigen Urteils, eine entsprechende Entlassung oder Versetzung vorzunehmen, kann er für jeden Tag der Zuwiderhandlung mit einem Zwangsgeld von bis zu 500 DM dazu angehalten werden.

»Die Beleidigung wird mit Freiheitsstrafe bis zu einem Jahr oder mit Geldstrafe und, wenn die Beleidigung mittels einer Tätlichkeit begangen wird, mit Freiheitsstrafe bis zu zwei Jahren oder mit Geldstrafe bestraft«, sagt unser Strafgesetzbuch in

§ 185. Übrigens: Wird die Rechtsordnung in Ihrem Unternehmen in diesem Punkt untergraben, wird es auch in anderen Belangen nicht mehr mit rechten Dingen zugehen.

> **Tipp**
>
> Nehmen Sie Tätlichkeiten oder tätliche Beleidigungen unter keinen Umständen hin, ganz gleich, von welcher Seite Sie ihnen ausgesetzt sind. Vielleicht haben Sie Angst, gegen den Beleidiger oder denjenigen, der Sie tätlich angegriffen hat, juristisch vorzugehen? Dann stellen Sie sich bitte einen Moment lang vor, was Sie (und vielleicht nach Ihnen andere) in der Zukunft auszustehen haben würden, wenn Sie nicht gegen ihn vorgingen. Schalten Sie den Betriebsrat ein. Ziehen Sie Kollegen, mit denen Sie gut »können«, ins Vertrauen, damit Sie nicht allein dastehen und in Beweisnot geraten. Wenden Sie sich, wenn die Lage wirklich ernst ist, umgehend an einen Rechtsanwalt. Der Betriebsrat oder Ihre Gewerkschaft kennt Experten für Arbeitsrecht. Als Gewerkschaftsmitglied brauchen Sie auch vor den Kosten der Durchsetzung Ihres Rechts weniger Angst zu haben.
> Unter der Adresse http://www.anwalt-suchservice.de/ finden Sie im Internet einen Fachanwalt für Arbeitsrecht in Ihrer Nähe. Die Kosten, die Ihnen anwaltlicher Rat in dieser Frage verursacht, sind Peanuts im Vergleich zu dem Nutzen, den er Ihnen bringt.

Schluss

Führen, ohne Chef zu sein

Ist Ihr Team ein lahmer Haufen? Verdient die Zusammenarbeit diesen Namen nicht? Rottet sich das Team regelmäßig zu Meetings zusammen, die unter dem Motto stehen: »Wir wissen nicht, was wir wollen, aber das mit ganzer Kraft!«?

Nicht alles kann durch die Weisheit der Vorgesetzten geregelt werden. Das ist auch gut so, werden Ihnen Ihre Kollegen aus vollstem Herzen beipflichten. Und wenn Sie schon einmal dieses positive Feedback bekommen, warum versuchen Sie dann nicht, ohne jeden offiziellen Auftrag die Führung zu übernehmen?

Der Informationsfluss ist schwach? Regen Sie an, sich jeden Morgen (oder jeden Abend) in Ihrem Büro zu treffen und fünf Minuten Informationen auszutauschen. Vielleicht kommen Sie schon nach kurzer Zeit darauf, dass es andere, effektivere Informationswege gibt.

Der Zusammenhalt im Team ist nur lose, weil keiner den anderen richtig einschätzen kann? Schlagen Sie vor, »Feedback« zum Pflichtfach am Ende jedes Meetings zu machen. Ohne Feedback kein Erfolg. Nicht nur biologisch, auch in unseren sozioemotionalen Beziehungen funktionieren selbststeuernde Regelkreise, die unser Verhalten beeinflussen: »Lernen am

Erfolg« ist auch im Umgang mit Kollegen das gebotene Verfahren. Und manchmal ist man ja selbst der schwierigste Kollege. Das Feedback, das wir geben und das wir erhalten, dient uns also als Kontrollinstrument für unsere sozialen Beziehungen.

> **Tipp** Gehen Sie nicht nach dem Prinzip »So ist es besser« vor, sondern besser nach dem Prinzip »Warum machen wir 's nicht so?«.

Meist führt es zu nichts, wenn Sie anderen – namentlich Gleichgestellten – in Form einer Anweisung mitteilen, wie sie es Ihrer Ansicht nach »richtig« machen sollen. Solche Anweisungen hinterlassen beim Gegenüber den Eindruck der Zurücksetzung, das Gefühl der Minderwertigkeit und all die Ressentiments, die man jemandem gegenüber hat, der anscheinend glaubt, etwas Besseres zu sein. Verhaltensänderungen bewirken Sie nicht durch Anweisungen oder Belehrungen. Größeren Einfluss auf das Verhalten Ihrer Kollegen üben Sie aus, wenn Sie ihn mit Informationen und Vorschlägen versorgen, die sich auf vergleichbare Situationen, vergleichbare Unternehmen oder Hierarchie-Ebenen beziehen. »Bei Bizerba hat man versucht, selbstorganisierende Teamstrukturen zu schaffen. Wie ich von einem Freund hörte, mit Erfolg. Soll ich uns mal genauere Informationen darüber beschaffen?« Stellen Sie sich Seite an Seite mit Ihren Kollegen und nicht vor sie oder gar über sie. Versuchen Sie, durch gezielte Fragen, Aufforderungen – oder auch mal Provokationen – ihre Mitarbeit zu gewinnen. Die anderen müssen den Eindruck haben, dass sie nicht einer Fremdbestimmung folgen sollen, sondern dass sie sich aus eigenem Entschluss bewegen, weil sie von der Zusammenarbeit »etwas haben«.

Und wenn es dennoch nicht klappt, wenn sich Spannungen zu Konfliktherden aufbauen? Versuchen Sie, Konflikträume bewusst auszugestalten. Legen Sie auf der Metaebene Regeln und Strategien fest, in denen ein Konflikt ausgetragen oder zwischen den Parteien vermittelt werden kann, bevor es zum unproduktiven Streit kommt.

Wie fühlen Sie sich?

Fühlen Sie sich angenommen oder abgelehnt? Haben Sie das Gefühl, dass Ihre Kollegen die Vereinbarungen, die sie mit Ihnen geschlossen haben, eher einhalten oder eher verletzen? Können Sie sich vorstellen, von aller Karriereplanung einmal abgesehen, auch in 10 Jahren in diesem Unternehmen zu arbeiten?

Joachim K., technischer Redakteur in einem Frankfurter Software-Unternehmen, schildert nach einem halben Jahr sein Gefühl so: »Ich glaube, es ist der richtige Job, aber es ist noch nicht das richtige Unternehmen.« Und einige Zeit später wusste er: »Im ersten Jahr wirbelst du nur rum, weil dich keiner richtig einarbeitet und du dir alle Wege selbst suchen musst, im zweiten Jahr kennst du die Wege und kommst ziemlich effektiv zum Ziel. Und im dritten Jahr merkst du, dass du dich nach einer neuen Stelle umguckst.«

Wenn Sie sich so fühlen, wissen Sie, dass nicht nur mit Ihrem Job, sondern vielleicht auch im Verhältnis zu Ihren Kollegen etwas nicht stimmt.

Christa B., Grafikdesignerin aus Schleswig-Holstein, macht ihr Job bei einer kleinen Lokalzeitung vor allem deshalb Spaß, weil sie mit Kollegen zusammenarbeitet, die alle gut miteinander können. »Wir machen manchmal noch Jahrgangstreffen unseres Studiengangs. Und ich muss sagen, ich möchte mit den meisten, die in solchen Nobelbüros mit den ganz großen Namen arbeiten, gar nicht tauschen. Bei uns ist es eigentlich immer zu eng, fast immer zu hektisch, meistens zu laut, aber immer irgendwie fröhlich. Eigentlich freue ich mich jeden Morgen, zur Arbeit zu kommen, ganz gleich, was konkret anliegt.« Ein größeres Lob kann man seinen Kollegen kaum machen.

Aber vergessen Sie bei alledem nicht: Sie sind nicht der Mittelpunkt der Welt, sondern auch nur ein Kollege, vielleicht nicht der schwierigste, aber auch nicht unbedingt der einfachste von allen.

Literaturverzeichnis

Berne, Eric: Spiele der Erwachsenen, Reinbek bei Hamburg 1970.
Bernstein, Albert B.: Das Dinosaurier-Syndrom. Vom Umgang mit sich und anderen schwierigen Kollegen, Zürich/Wiesbaden 1990.
Fisher, Roger/Sharp, Alan: Führen ohne Auftrag. Wie Sie Ihre Projekte im Team erfolgreich durchsetzen, Frankfurt/New York 1998.
Friedrich, Hans: Die ersten Tage am neuen Arbeitsplatz. Ratschläge für den richtigen Umgang mit Kollegen und Vorgesetzten, Niedernhausen 1987.
Hahn, Rolf-Michael/Stickel, Nicolai: Richtig miteinander reden. 8 Wege zum erfolgreichen Zuhören, Verstehen und Sprechen, Landsberg 1999.
Harris, Amy Bjork und Thomas A.: Einmal o.k. – immer o.k. Transaktionsanalyse für den Alltag, Reinbek bei Hamburg 1985.
Harris, Thomas A.: Ich bin o.k. Du bist o.k. Wie wir uns selbst besser verstehen und unsere Einstellung zu anderen verändern können – Eine Einführung in die Transaktionsanalyse, Reinbek bei Hamburg 1975.
Hesse, Jürgen/Schrader, Hans Christian: Krieg im Büro. Konflikte am Arbeitsplatz und wie man sie löst, Frankfurt 1993.
Schmidt, Hans Hartmut: Reden ist Silber … Schweigen ein Problem!? Arbeitsbuch für Gesprächsleiter/innen, Neukirchen-Vluyn 1997.
Schmidt, Rainer: Immer richtig miteinander reden. Transaktionsanalyse in Beruf und Alltag, Paderborn 1998.
Schulz von Thun, Friedemann: Miteinander reden 1: Störungen und Klärungen, Reinbek bei Hamburg 1981.
Schulz von Thun, Friedemann: Miteinander reden 2: Stile, Werte und Persönlichkeitsentwicklung, Reinbek bei Hamburg 1989.
Tamke, Kurt: Verhalten und Verständigung im Beruf. Die Gestaltung der sozioemotionalen Beziehungen am Arbeitsplatz, Wiesbaden 1990.
Topf, Cornelia: Körpersprache und Berufserfolg, Niedernhausen 1999.
Dr. Wieselhuber & Partner: Handbuch Lernende Organisation. Unternehmens- und Mitarbeiterpotentiale erfolgreich erschließen, Wiesbaden 1997.

Register

Alkohol 69 f.
Ängste 34
Anhänglichkeit 52
Anweisung 114
Arbeitsstil 24, 50, 65 f.
Ausreden lassen 97
Ausschreibungen 71
Außenbild 20
Bedrohung 110 ff.
Belästigung, sexuelle 108 ff.
Beleidigung 111 f.
Betriebsklima 8
Betriebsverfassungsgesetz 111
Bosheiten 103 ff.
Büroaffären 68
Distanz 59 f.
Eltern-Ich 11 ff., 45, 104
Erwachsenen-Ich 12, 84
Familienleben 75
Feedback 26, 113
Fremdbild 18
Gedankenlosigkeit 102
Gesetz, ungeschriebenes 9
Gesprächigkeit 63
Gewalt 110 ff.
Harmonie 29 ff.
Harmonie, negative 31 f.
Hierarchie 30, 78
Höflichkeit 97
Höflichkeitsformen 87
Humor 40 ff., 96 f.
Intimität 59 f.
Intimsphäre 52
Intimzone 61 ff.
Intrigen 8
Kernkompetenz 64
Kindheits-Ich 11 ff., 45, 49, 84, 104
Kommunikation 10 ff.
Kommunikationsstörungen 10
Kommunikationstypen 100
Konfliktgespräch 30
Konkurrenten 71 f.
Kontaktzone 62
Kontext, hoher 99 f.
Kontext, niedriger 99 f.
Körpersprache 89
Launen 43 ff.
Lebensanschauungen 12 f.
Liebe 67 f.
Loyalitätsprinzip 94
Meinungsäußerung, freie 106
Nachrede, üble 105 ff.
Nein sagen 27 ff.
Persönlichkeitsrecht 111
Probezeit 19
Pufferzone 62
Rabattpunkte 29
Revierkämpfe 64
Revierverhalten 55
Rücksichtslosigkeit 102
Schnorrer 45 ff.
Schriftverkehr 42
Schwätzer 98
Selbstbild 18
Selbstdarstellung 48

Selbstoffenbarung 39, 73
Single 67
Spiele 16 f., 31 f., 37, 43 ff., 56, 72 ff., 79 ff., 83, 86
Stress 38, 47, 73
Strokes 48
Taktlosigkeit 91
Tätlichkeit 111 f.
Temperamente 23
Temperamentsausbruch, situationsbedingter 39
Transaktion 10 ff., 16
Transaktion, komplementäre 13 ff.
Transaktion, überkreuzende 16
Transaktion, verdeckte 15 f.
Transaktionsanalyse 11 ff., 37
Tratschen 94
Überkreuz-Transaktion 84
Unternehmenskultur 92
Vereinbarungen 9 f.
Verleumdung 107 f.
Vertraulichkeit 60
Vorurteile 38
Witz 40 ff., 46, 51
Workaholoc 34 f., 49 ff.
Zusatzqualifikationen 64

Die Reihe für die neue Karrieregeneration

don't panic!
EICHBORN.

- Höchste Kompetenz, niedrigster Preis
- Lockerer Ton für knifflige Themen
- Fettnäpfchen-Guide für alle Jobsituationen
- Übersichtliches, zweifarbiges Innenlayout

Probezeit
ISBN 3-8218-1652-x

Meetings
ISBN 3-8218-1655-4

Umgang mit Kollegen
ISBN 3-8218-1653-8

Clever verhandeln
ISBN 3-8218-1654-6

Den Chef im Griff
ISBN 3-8218-1651-1

Der erste Führungsjob
ISBN 3-8218-1650-3

Je 120 Seiten · 12 x 18,5 cm · Innenlayout zweifarbig · broschiert · DM 14,90

Eichborn Verlag · Kaiserstraße 66 · 60329 Frankfurt
Telefon: 069 / 25 60 03-0 · Fax: 069 / 25 60 03-30
www.eichborn.de – Wir schicken Ihnen gern ein Verlagsverzeichnis.

SCHULE, STUDIUM, BERUF: Eichborn.
Die individuellen Ratgeber
für **Ausbildung** & **Karriere**